MERIAN
erzählt

München

Herausgegeben von
Andreas Hallaschka

Hoffmann und Campe

1. Auflage 2014

www.hoca.de
Einbandmotiv: Elan Fleisher/LOOK-foto
Satz: Pinkuin Satz und Datentechnik, Berlin
Gesetzt aus der Utopia und der Trade Gothic
Druck und Bindung: GGP Media GmbH, Pößneck
Printed in Germany
ISBN 978-3-455-40484-9

HOFFMANN
UND CAMPE

Ein Unternehmen der
GANSKE VERLAGSGRUPPE

INHALT

Stadt der Kunst – Literaten und Malerfreunde

Natur erleben – Stadt, Land, Fluss

Andreas Hallaschka

VORWORT

Warum möchte jeder Dritte am liebsten in München wohnen? Und warum die anderen Deutschen auf keinen Fall? Warum weckt die bayrische Landeshauptstadt bei den einen verzückte Hingabe und bei den anderen tiefe Aversionen? Warum ist das Oktoberfest für die einen der ersehnte Höhepunkt des Jahres und für die anderen bestenfalls ethnologisch von Interesse, als Kulmination atavistischer Saufexzesse?

In keiner anderen Weltstadt wird heute noch Tracht getragen – und das nicht nur zur Wiesn. In keiner anderen Metropole wird der Dialekt nicht als Makel begriffen, sondern kultiviert. Und in keiner anderen deutschen Stadt wird Reichtum so prachtvoll barock zur Schau gestellt wie in München von seiner Schickeria.

Acht Mal hat MERIAN seit 1949 versucht, den Geist dieser Stadt einzufangen, das bäuerliche München und die königliche Residenz. Das München der Snobs und das der Wohnungssuchenden, die vor einer bezahlbaren Bleibe bis auf die Straße Schlange stehen. Es ist das Ganze dieser Komposition, was München ausmacht. Große Oper – zu der die Kunstschätze der Pinakotheken ebenso beitragen wie der Schock der Stille in der kleinen, unscheinbaren Asamkirche. Die neu eroberten idyllischen Oasen von Haidhausen ebenso wie der Blick von ganz oben, vielleicht von der Zugspitze.

MERIAN hat dafür vor allem Münchner Autoren versammelt. Originale wie den Reporter Sigi Sommer, der seine Münchner Jahrzehnte beim Leben beobachtet und am Ende immer noch nicht alles gesehen hatte. Oder Eugen Roth, der das ganze Dasein in tröstliche und stets heitere Verse gefasst hat. Der Biergarten als Ort eines soziologischen Wunders: Jeder sitzt neben jedem, alle sind beieinander, und es ist urgemütlich. Der Schickimicki, der, gerade von Starnberg kommend, die Leopoldstraße Richtung Schwabing runterbrettert, der Nackedei, der den Englischen Garten ganz natürlich als Garten Eden sieht. Oder der Grantler, der auch zum schönsten Sonnenschein noch einen Kommentar wie Nieselregen beisteuern kann.

Doch München ist nicht das tümelnde Soziotop. Es ist ein leistungsfähiges Wirtschaftszentrum, eine Metropole von Kunst und Musik, Unterhaltung, Kulinarik und Sport, wie sie sich in Deutschland kein zweites Mal findet.

Ich danke dem Hamburger Autor Dr. Martin Tschechne, der München als Chefredakteur der *Weltkunst* kennenlernte. Er besorgte die Redaktion dieses Bandes und steuerte die notwendige Innenansicht der Weltstadt mit Herz bei.

TRAUMSTADT MÜNCHEN

Zu glücklich für Deutschland?

Christian Ude

ZUM ANFANG EIN ABSCHIEDSBRIEF

Zwanzig Jahre lang war Christian Ude Oberbürgermeister von München. Den Sozi und Protestanten liebten auch die katholischen und christsozialen Münchner. In MERIAN schrieb er seiner Stadt einen großen und anrührenden Abschiedsbrief.

Abschied, das könnte Dir so passen. Da hast Du dich aber sauber getäuscht. Eine Trennung kommt ja überhaupt nicht in Frage, stand niemals zur Debatte, weil ich mir ein Leben anderswo gar nicht vorstellen kann und erst recht nicht vorstellen mag.

Dabei ist meine Liebe zu Dir noch immer nicht spannungsfrei. Obwohl mein Amt mir lange Gelegenheit gegeben hat, mich ständig mit Dir zu identifizieren. Das mach ich ja auch: mal leidenschaftlich, mal pflichtschuldigst. Ich kann es schon im Schlaf aufsagen: »Im Städtevergleich steht München prächtig da ... die deutsche Großstadt mit den höchsten Einkommen, den meisten Dax-Unternehmen, den besten Zukunftschancen ... dem höchsten Freizeitwert und einem großartigen Kulturangebot ... die Wälder, Seen und Berge in der Nähe ... in den Olymp der Messestädte aufgestiegen ...« Und dann die ganze Litanei (ohne Mieten natürlich). Aber andererseits ... Ja, es hat immer ein Andererseits gegeben.

Wie sollte man auch ohne ambivalente Gefühle zu einer

Stadt stehen, die einerseits eine Hochburg der Gegenreformation war, andererseits aber ein Herrscherhaus hatte, das uns Protestanten das Bürgerrecht verschaffte und Juden wie Griechisch-Orthodoxen schon früh ein Gotteshaus schenkte? Zu einer Stadt, die lange eine verschlafene königliche Residenzstadt war, aber in Schwabing das erste abstrakte Bild der Kunstgeschichte und im Universitätsviertel die ersten Sternstunden des Kabaretts erleben durfte? Zu einer Stadt, in der die Hitler-Bewegung in Bierkellern erste Erfolge feierte, der *Völkische Beobachter* erschien, das »Braune Haus« stand und das erste KZ des Dritten Reiches geplant wurde, die aber auch Männer wie Wilhelm Hoegner, Frauen wie Toni Pfülf und den Widerstand der Weißen Rose hervorbrachte? Zu einer Stadt, die vor gar nicht allzu langer Zeit mit muffiger Enge erschreckte, sich dann aber doch zu großstädtischer Liberalität durchrang? Zu einer Stadt schließlich, in der die Schickeria protziger als anderswo auftrumpft, aber der soziale Zusammenhalt (Stiftungen! Spenden! Ehrenamt!) ebenso herausragt?

Vielleicht ist das ja gerade Dein Reiz: dass Du anders bist. Anders als jedes Klischee, das Tourismuswerbung und Lokalpatriotismus einerseits und bitterböse Analysen andererseits hervorbringen können. Was bist Du denn nun? Ein Stein gewordenes Gedächtnis mit unzähligen Baudenkmälern oder ein Entwurf für die Stadt von morgen? Beides. Eine fast ernst zu nehmende Weltstadt oder eine Ansammlung dörflicher Situationen? Natürlich beides. Das ist widersprüchlich und unstimmig, aber ich möchte wie jeder München-Liebhaber keinen dieser Aspekte vermissen.

Vom Augsburger Bert Brecht stammt die Geschichte alter Bekannter, die sich nach langer Zeit wieder begegnen. »Sie haben sich gar nicht verändert«, sagt der eine. Vom anderen heißt es nur, dass er »Oh« sagte und erbleichte. Will sagen: Wir halten es für ein Kompliment, treuherzig zu beteuern, dass das Gegenüber noch aussehe wie einst im Mai; dabei ist der Gedanke, sich nicht verändert, nicht entwickelt, nicht dazugelernt zu haben, in Wahrheit doch schrecklich. Bei Städten ist das nicht anders. Wir freuen uns über alles Vertraute, wissen aber, dass die Stadt nicht erstarren sollte wie Lots Weib. Eine Stadt ist niemals fertig.

Trotzdem ist uns bei mancher Veränderung nicht wohl. Ich muss nur in den Zug steigen und die Neubaukulissen längs des Gleiskörpers ansehen, schon springt mich die Frage an: Welcher Depp hat das genehmigt? Aber so einfach ist es ja nicht, dass Neubauten stets nach dem Geschmack des Stadtoberhaupts sind. Da gibt es Wettbewerbe, allmächtige architektonische Moden, planungsrechtliche Zwänge, streng kalkulierende Investoren, Beteiligungsverfahren – und ein Verantwortlicher ist nach alledem nicht mehr zu ermitteln. Wie wohl die meisten meiner Kollegen will ich in meinem Abschlusszeugnis nicht nur ein Urteil über das Neubaugeschehen lesen.

Dabei sind die neuen Stadtquartiere häufig besser als ihr Ruf: nicht spektakulär genug für die Titelseiten der Architekturzeitschriften und den Beifall des Feuilletons, aber nutzerfreundlich und alltagstauglich, ökologisch sinnvoll und gut durchgrünt. Der Landschaftspark auf dem ehemaligen Flughafengelände ist eine Wucht, in der Messestadt lässt sich's mit Badesee und Rodelhügel gut leben, wie auch in den neuen Vierteln am nördlichen Stadtrand oder auf ehemaligen Kasernenarealen. Das Jüdische Zentrum am St.-Jakobs-Platz, im Herzen der Stadt, ist für mich die beglückendste Veränderung der letzten zwei Jahrzehnte, ein Triumph der Opfer über die Täter. Die skulpturale BMW-Welt behauptet sich zwischen Olympiadach und Vierzylinder. Und noch weiter nördlich kannst Du mit der Allianz-Arena nachts leuchten, rot oder blau, je nachdem, welcher Verein gerade spielt. Lass andere Bundesliga-Städte ruhig über das »Schlauchboot«

lästern oder auf die »Arroganz-Arena« schimpfen, das stärkste Motiv dabei dürfte schlicht der Neid sein.

Aber ich will nicht nur über Neubauten reden, sondern auch über die Metamorphosen im Bestand. Warum ist Dir das Facelifting so wichtig? Warum muss überall aufgehübscht werden? Warum dreht sich die Preisspirale so schnell nach oben? Warum muss Wohlstand so penetrant zelebriert werden? Da würde ich mir mehr Gelassenheit statt unermüdlichem Geschäftssinn, mehr Nachlässigkeit statt Prahlerei, mehr soziales Verständnis statt eitlem Geltungsdrang wünschen.

Am meisten freue ich mich darauf, nach dem Abschied aus der politischen Verantwortung (wann immer das sein mag) mehr Zeit für Dich zu haben. All die kulturellen Angebote intensiv zu genießen, statt nach dem eigenen Grußwort blitzschnell verschwinden zu müssen. Zum Beispiel das Lenbachhaus, wo man im Garten einen Kurzurlaub in der Toskana genießen oder im Museumsrestaurant einen Blick nach Griechenland auf die Propyläen werfen kann. Oder im Schauspielhaus der Kammerspiele oder in der Villa Stuck, die an die große Zeit des Jugendstils erinnert.

Oder die wunderbar renaturierte Isar, die auch uns ältere Münchner zum Radfahren einlädt, zu herrlichen Ausflügen bis zur Menterschwaige oder bis Großhesselohe. Quer durch eine Millionenstadt zieht sich ein Flussbett mit Kiesflächen und Spielwiesen, Bäumen und Sträuchern und bewaldeten Hängen. Bewahre Dir das! Es gehört zu Deinen Vorzügen, denen man jetzt endlich in anderen Großstädten nacheifert! Bewahre die Qualitäten dieser Flusslandschaft, dann will ich auch gerne auf meinem Drahtesel beim Cowboy-Club an der Floßlände als »Häuptling Rote Feder« einkehren – in dem Tal, in dem einst die ersten Western-Stummfilme gedreht wurden.

Wie an der Klagemauer. Wie in der Toskana. Wie in Griechenland. Wie im Wilden Westen. Hast Du schon einmal darüber nachgedacht, wie viele Deiner Vorzüge auf Imitation und Illusionskunst zurückzuführen sind? Aber die Zuneigung zu Dir ist nicht bloß Einbildung, die ist schon echt! Wirklich: Wir werden viel Zeit miteinander verbringen, viel Spaß und weniger Ärger miteinander haben. Und hoffentlich gemeinsam feststellen, dass Deine letzten 20 Jahre nicht die schlechtesten waren.

Dein Christian

Herbert Riehl-Heyse

SPIEGLEIN, SPIEGLEIN AN DER WAND …

Schön, dass wenigstens eine Art von Patriotismus in unserer Zeit noch erlaubt ist: Der Münchner Journalist Herbert Riehl-Heyse ist bekennender Lokalpatriot. Die ewige Frage, ob nicht Hamburg schöner sei als München, ist für ihn keine.

Vielleicht sollte ich das gleich vorweg sagen: Ich bin an und für sich ein hundertprozentiger Lokalpatriot, wo immer ich gerade wohne. Und weil ich nun auch schon wieder mehr als zwanzig Jahre in München und Umgebung domiziliere, hätte ich im Grunde auch eine sehr überzeugende Antwort auf die mir hier gestellte Frage, wo es wohl am schönsten sei in diesem Lande. Sie dürfen mal raten. Warum das so ist? Erstens hat es natürlich prinzipielle Gründe: Jeder Mensch braucht etwas, worauf er stolz sein kann, und je weniger unsereiner persönlich zu diesem Zweck vorzuweisen hat, desto stolzer ist er auf jedes hohe C, das - beispielsweise - ein italienischer Tenor unter einem russischen Dirigenten an seiner Münchner Bayerischen Staatsoper singt. Auch wenn man es nicht selbst gehört, sondern nur darüber gelesen hat: So etwas Schönes - das läßt auch der Musikkritiker durchblicken - gibt es eben nur bei uns in München, und darüber freut sich der Lokalpatriot, der es gleichzeitig aus übergeordneten Erwägungen gut findet, daß wenigstens irgendeine Art von Patriotismus in diesen unpatriotischen Zeiten noch erlaubt ist.

Was mich selbst angeht, so gehört, zweitens, der Lokalpatriotismus ganz einfach zu meinem Beruf als Journalist. Ich schreibe hauptberuflich für eine in München erscheinende Zeitung. Und weil in allen Redakteursverträgen dieser Welt mit unsichtbarer Tinte der Passus eingefügt ist, daß der Erscheinungsort der jeweiligen Zeitung der schönste Ort überhaupt sei, finde ich also München insgesamt herrlich, so wie das auch meine Leser verlangen können, bei aller Kritik im Detail, auf welche der Leser ebenfalls Anspruch hat. Klar, daß ich umgekehrt auch Verständnis dafür habe, daß die Kollegen von den Hamburger Zeitungen eine andere Stadt besonders schätzen und dies immer wieder zum Ausdruck bringen. Mein besonderes Mitgefühl gilt deshalb ja auch schon seit langem den Damen und Herren von Deutschlands größter Boulevardzeitung, die regional verschiedene Ausgaben für alle möglichen Teile dieses Landes hat und die deshalb, je nach Verbreitungsgebiet, die verschiedenen Städte gleichzeitig am tollsten finden müssen. So kommt es, daß manchmal nach einem Fußball-Länderspiel – je nach Ausgabe – der Hamburger Manfred Kaltz oder eben doch der Münchner Karl-Heinz Rummenigge bester Spieler der Mannschaft war. So viel Anpassungsvermögen verlangt man von uns Zeitungsredakteuren.

Um es also kurz zu machen: München – so hätte ich noch vor sechs Jahren ohne weiteres gesagt – ist schon noch ein Stück prächtiger als jede andere deutsche Stadt. Andererseits bin ich aber auch ziemlich weltoffen, was ich bisher vielleicht nicht deutlich genug herausgearbeitet habe. Deshalb wird dieser Beitrag die von mir sehr ernst genommene Debatte, was denn nun schöner sei, München oder Hamburg, mit der nötigen Entschiedenheit vorantreiben, sie mit Erfahrungen aus früheren Debattenbeiträgen anreichern und sie dann ein für alle Mal mit einer überraschenden Volte beenden.

So alt ist die hier gestellte Frage übrigens noch gar nicht, oder? Vor dem Kriege, wenn ich das richtig sehe, wäre ohnehin keiner auf den Gedanken gekommen, die Frage, wer die schönste, wichtigste und strahlendste Stadt Deutschlands sei, ausgerechnet zwischen Hamburg und München entscheiden zu lassen. Auf so etwas hätten die Berliner nicht einmal einen Gedanken verschwendet.

Danach, im Wirtschaftswunderland, waren alle Städte bis über den letzten Baggerarm damit beschäftigt, so viel Beton aufzuschichten, daß man möglichst die einzelnen Weichbilder nicht mehr voneinander unterscheiden können sollte. Ganz gelang das freilich doch nicht – und langsam wurden wieder die Unterschiede betont. Mehr hinter vorgehaltener Hand ließen damals noch die Hamburger einander wissen, daß man im Grunde nur in ihrer Stadt leben könne, während die Münchner leicht geniert die Medaille »München leuchtet« zu dem Zwecke verliehen, daß man diese Behauptung auch außerhalb glaube. Der Satz stammt übrigens von Thomas Mann, einem Lübecker, der aber – wie man in München fand – in mancher Hinsicht durchaus Geschmack entwickelt hatte.

Dann, es war etwa zu Beginn der sechziger Jahre, stellte sich endlich heraus, daß die Frage nach der Schönsten im Lande nicht länger zu umgehen war – und im September 1964 tat das (Hamburger) Nachrichtenmagazin *Der Spiegel* etwas Unerhörtes: Es ernannte München zu »Deutschlands heimlicher Hauptstadt«, eine Behauptung, die zwar durchaus ironisch gemeint und durch tausenderlei Anzüglichkeiten und Bissigkeiten gebrochen war, die aber in München selbstverständlich wörtlich genommen wurde: Aha, sagten die Münchner und druckten seitenweise in ihren Zeitungen die Geschichte nach, jetzt haben es endlich auch die anderen eingesehen. Der *Spiegel*-Titel soll sich im übrigen auf die Münchner Auflage des Magazins sehr positiv ausgewirkt haben.

Wir nähern uns jetzt langsam der kritischen Zeit, einer Zeit, in der sich zunehmend zeigte, daß die gelbe Eifersucht in den Herzen unserer Landsleute zu blühen begann, besonders bei jenen an der Elbe. Wie viele andere sensible Münchner, die regelmäßig nach Hamburg fuhren, um sich dort für ihre Leistungen und für die schöne Stadt, aus der sie kamen, bewundern zu lassen, empfand ich diese gewisse Mißgunst. Ich fand, daß sie von einem bestimmten Ereignis an geradezu körperlich spürbar zu werden begann, jedenfalls für mich - und über mich soll ich hier ja schreiben, nicht wahr?

Angefangen hatte es im Oktober 1976 - und es waren gerade vier Jahre vergangen, daß durch unsere herrlichen Olympischen Spiele auch der letzte Banause über die ganze Welt hin erfahren hatte, daß es im modernen Deutschland nur eine Stadt gibt, die zählt. Diese ganze Welt sprach denn auch von diesem München, in dem ausschließlich heitere Menschen die nach ihnen benannten »heiteren Spiele« veranstalteten, in dem man soeben eine schöne Fußgängerzone sowie den schönen jungen Oberbürgermeister Kronawitter eingeweiht hatte und wo die hervorragende Lebensqualität vom Stadtrat ganz einfach vorgeschrieben war.

Überall erkannte man das an - nur merkwürdigerweise in Hamburg nicht, wo der oben erwähnte *Spiegel* unser schönes München schon längst in die »unheimliche Hauptstadt« umetikettiert hatte, um endlich auch etwas für die Hamburger Auflage zu tun, und wo man dringend nach einem Ersatz für München suchte und ihn wunderbarerweise auch in der nächsten Umgebung fand: Es handelte sich zufällig um Hamburg, wo ein gewisser Herr mit Prinz-Heinrich-Mütze ein schmuckes Reihenhaus besaß, was in München durchaus anerkannt, aber natürlich auch nicht überbewertet wurde - Bundeskanzler kommen und gehen, das Hofbräuhaus aber steht immer in München, wie das Volkslied weiß.

Aber interessant war es natürlich schon, daß ausgerechnet in jenem Oktober 1976 sich wieder eine kalte Dusche auf Hamburg ergoß in Gestalt einer Untersuchung in der Zeitschrift *Capital*, die nun auch einmal zeigen mußte, wie überregional sie ist. Dieses Magazin veröffentlichte also eine Rangliste deutscher Großstädte nach ihrem Wohnwert, legte darin Kriterien zugrunde wie innere Sicherheit, Gesundheitsdienste, Kulturangebot, Erholungsmöglichkeiten, Lebenshaltungskosten und Einkommen und setzte, als alles zusammengerechnet war, hinter so schnuckelige Städte wie Bonn (1.) und Saarbrücken (3.) München an die 6. Stelle, Hamburg aber an die 25. und letzte. In dieser verzweifelten Situation dachte ich, daß es nun an der Zeit wäre, mich selbst einzuschalten in die Diskussion und sie einer Klärung zuzuführen.

Ich begann mit einer kleinen Betrachtung in der mich beschäftigenden Münchner Zeitung, in der ich unseren Hamburger Lesern stellvertretend für die Gesamtredaktion tröstend versicherte, daß wir liberalen Münchner ihre Stadt auch nicht für weniger attraktiv hielten als beispielsweise Oldenburg oder Duisburg. Im Privatgespräch wiederum gestand ich nachweislich mehreren Hamburgern zu, daß sie ebenfalls einen sehr schönen Bürgermeister - er hieß damals Klose und hatte so etwas Jungenhaftes - ihr eigen nennen konnten und lobte auch einmal ganz persönlich eine mir bekannte junge Dame aus Eppendorf, die in der Tat jeden Vergleich aushielt mit jungen Damen, die ich in München kannte.

Irgendwie schienen aber diese meine und die Bemühungen anderer Münchner Bürger, die Verhältnisse wieder zurechtzurücken, nicht den nötigen Effekt erzielt zu haben: Jedenfalls schlugen die Hamburger Behörden gewaltig zurück, veranstalteten Pressekonferenzen und Diskussionen, in denen überzeugend nachgewiesen wurde, wie schön es in Hamburg wirklich ist. Der Kollege Rudolf Walter Leonhardt schrieb in der Hamburger *Zeit* sogar einen eigenen Schönheitswettbewerb aus, mit dem die schönsten Städte der ganzen Welt ermittelt wurden: Er entschied den Kontest der Einfachheit halber gleich selbst und kam zu dem Ergebnis, daß Hamburg die neuntschönste Stadt der Welt sei. Wir fanden das zwar alle etwas bescheiden – wunderten uns danach aber nicht, daß es Städte wie Düsseldorf, Berlin und München in dieser Rangliste gar nicht gab.

Ich weiß nicht mehr so genau, was mich geritten hat – vermutlich war es der zuständige Redakteur: Jedenfalls, ich begann mich damals in den Streit um die schönste Stadt im Lande richtig zu verlieben und fand, ich müsse unbedingt zwei Wochen lang direkt an die Alster, um endgültig herauszufinden, wie schön es dort wirklich ist. Genauer gesagt, wußte ich eigentlich schon, daß es mir in Hamburg ziemlich gut gefällt und daß es keine andere Stadt als diese in Deutschland gibt, in der ich so gern Lokalpatriot wäre, wenn es mir das Schicksal verböte, länger in München sein zu dürfen. Ich ging also vor allem deshalb nach Hamburg, um verstehen zu lernen, warum es so wichtig ist für eine stolze alte Stadt, sich pausenlos derart kräftig auf die eigene Schulter zu klopfen, wie ich das ja auch aus München kannte.

Was ich herausfand, zum Beispiel in langen Gesprächen mit dem oben erwähnten schönen Bürgermeister, war nicht weiter überraschend: Schuld an dieser Tatsache ist die Politik. Erstens nämlich, so reimte ich mir zusammen, ist es gut für die Politiker, wenn sie die tollste Stadt regieren, die es überhaupt gibt: Da illuminiert der Abglanz der Strahlkraft dieses Gemeinwesens gleich auch noch diese Politiker. Und zweitens steckt hinter jedem städtischen Selbstlob auch ein vernünftiges politisches Konzept: Der so erzeugte Bürgerstolz mobilisiert Kräfte, die für die Stadt dringend nötig sind. »Die Träne« - so hatte ich damals, zweifellos ein wenig flott, formuliert -, »die Träne, die einem echten Hamburger beim Abspielen seiner Stadthymne aus dem Auge quillt, soll ziemlich unvermittelt in den Farbtopf fließen, mit dem er in seiner Eigenschaft als Hausherr die Fassaden wieder schöner pinselt.«

Also, das hätte ich nicht schreiben dürfen. Erstens handelt es sich bei der Debatte über die schönste Stadt im Lande um eine solche von hohem Ernst; da macht man keine witzig sein sollenden Bemerkungen, zweitens ist es überhaupt unerlaubt, als Münchner über Hamburg zu schreiben. Deshalb mußte jetzt auch der Pressesprecher der Stadt Hamburg auf den Plan, der in der *Zeit* eine lange Entgegnung auf meinen Artikel schrieb, aus der hervorging, daß ich - was ich gar nicht gemerkt hatte - die »Wiesn« für viel toller gehalten hätte als den »Dom« und daß ich fände, daß Golf kein Ersatz für Fingerhakeln sei (was wir Münchner bekanntlich ununterbrochen tun), und lauter solche Sachen. Ich war ziemlich zerknirscht und nahm mir vor, bei der nächsten sich bietenden Gelegenheit alles richtigzustellen.

Und darum bin ich ja auch so froh, daß sich diese Gelegenheit jetzt endlich bietet. Meine endgültige Botschaft ist also: Es gibt ein für alle Mal zwei schönste Städte in Deutschland, die heißen in alphabetischer Reihenfolge Hamburg und München, wobei ich sehr hoffe, daß ich nie aufgefordert werde, für eine Düsseldorf- oder Heidelberg-MERIAN-Ausgabe zu schreiben. Da würde es schwierig.

Wie meinen? Das sei etwas unbefriedigend? Aber nein - das ganze ist lange ausgeklügelt - und auch ausgeklügelt zu begründen. Hier ein paar zusätzliche Informationen dazu: Also, soviel ist klar, München ist die Stadt der Lebensfreude, und zwar für immer: Man merkt das an dem alljährlich stattfindenden Oktoberfest und an der regelmäßig aufkommenden Idee, die Olympischen Spiele wieder in München zu veranstalten, was auch sinnvoll wäre, wo doch vom letztenmal einige zehntausend pfenniggute Putzlappen übriggeblieben sind. Wenn die Welt also will, sind wir in München von sofort an World-Festival-Town Number One. In den anderen Städten aber sollen im Wege der internationalen Arbeitsteilung die Bankenkräche stattfinden oder die Gipfelkonferenzen oder auch die Staatsbesuche (vor allem wenn gerade Wahlkampf ist in Hamburg).

Im übrigen ist dieses Hamburg ebenfalls die Stadt der Lebensfreude: Wer schon mal vor einem Fußball-Länderspiel gegen Österreich ganze Busladungen voller Österreicher sich durch St. Pauli hat wälzen sehen, weiß, daß dort wirklich was los sein muß. Und Hand aufs Herz: Wo findet man das sonst noch, daß einen alle fünf Meter hübsche junge Mädchen so freundlich anreden, »Herzi« zu einem sagen oder »Schätzchen« und einen gastfreundlich einladen, mit ihnen mitzugehen? Wenn das nicht liebenswürdig ist!

Überhaupt ist Hamburg eben auch die Stadt der Gastlichkeit: Tausend Kneipen, ich habe sie ja fast alle besucht, finden sich in den hübschen Straßen – und immer wieder gibt es auch einen Wirt, der an einem Sommertag seine Tische auf die Straße stellt, damit Hamburg auch südländisch wirkt, was man von einer Weltstadt ebenfalls verlangen muß. Manchmal fällt sogar ein Sonnenstrahl auf die Tische.

In München wiederum gibt es zwar nicht so viele Kneipen – dafür aber viel größere, wo die Wirte sehr viele Tische und Stühle ins Freie stellen und das Bier nur literweise verkaufen. Das ist zwar nicht so schick wie in Hamburg, dafür aber praktischer, weil man da nicht so oft nachbestellen muß, wenn man Durst hat.

Außerdem sind beide Städte auch noch unglaubliche

Kunststädte. In den Hamburger Museen hängen Bilder so typisch Hamburger Maler wie Wilhelm Leibl und Franz von Lenbach herum, in München haben die berühmten bayerischen Maler Paul Klee aus der Schweiz und Wassily Kandinsky ihre Karriere gemacht. Was endlich die Musik angeht, wird sie bekanntlich in der »Szene« ausgeübt, die ich aus gutem Grund in beiden Städten spitze finde: Wenn ich recht sehe, wird der schöne Deutsch-Rock ungefähr gleichmäßig in den Hamburger wie Münchner Studios produziert. Die Hamburger Künstler kommen aus Lüdenscheid, die Münchner aus Kronach / Oberfranken – es kann aber auch umgekehrt sein. Ob ich mich ein wenig ausweichend ausdrücke? Das läge dann nur an der Angst, jemandem unrecht zu tun, und daran, daß ich mit zu vielen Hamburgern und Münchnern die ewig junge Frage nach der Schönsten im ganzen Land erörtert habe – und daß ich jetzt zuviel weiß: Jetzt ist mir eben klar, daß man in Deutschland nur in Harvestehude leben kann respektive in Solln; ich weiß, daß Hamburg die baumreichste Stadt Deutschlands und München (so steht das im alternativen *Stadtbuch für München*) das »Zentrum der deutschen Psychoszene« ist, daß das Museum für Hamburgische Geschichte »ein Wallfahrtsort für Modelleisenbahner« ist (das verrät uns die *Brigitte*), während es für »Typen, die sich in der Lederszene wohl fühlen«, in München ganz objektiv »drei dufte Kneipen gibt« (*Stadtbuch*). Also, ich finde das alles irgendwie ganz toll.

Schon wahr, irgendwer muß da jetzt noch Prioritäten setzen, muß sagen, was all diese Auskünfte bedeuten für den Wohnwert einer Stadt. Ich will mich da heute raushalten, vielleicht gerade noch vorschlagen, die Lebensqualität einer Stadt künftig so zu berechnen, daß man die Zahl der ortsansässigen Brauereien mit den Toren des jeweiligen Bundesligamittelstürmers multipliziert und durch die Preise der italienischen Spezialitätenlokale dividiert.

Und nun gibt es hoffentlich wirklich keinen Zweifel mehr, wo sich in Deutschland einzig leben läßt. Ich verweise in diesem Zusammenhang vor allem auf meine Eingangsbemerkung.

Claudius Seidl

WO DAS LEBEN SO SPIELT

Ihre Gebäude, die Menschen und vielleicht ihre Geschichte: Genügt das, um eine Stadt zu beschreiben? Sicher nicht bei München. Wie bei einer leicht kapriziösen Frau entdeckt Claudius Seidl an seiner Heimatstadt Launen und Gelüste, kleine Eitelkeiten und eine Neigung zu Koketterie.

München ist eine Glaubenssache - Gewißheiten hat die Stadt kaum anzubieten: Selbst Münchner zweifeln manchmal an ihrer Existenz.

Wer hier ankommt an einem Regentag, wird München für ein Mißverständnis halten: Wenn die Wolken auf Münchens Dächer drücken und die Fassaden mit Wasser vollgesogen sind, dann sieht die Stadt nur schäbig aus; ihre baumlosen Straßen liegen trostlos da, und die Frauentürme ähneln zwei Fabrikschornsteinen, die nur zu groß geraten sind.

München ist eine katholische Stadt - die Leute hatten immer das Vertrauen, daß der Himmel freundlich gesonnen sei. Und so haben sie auch ihre Stadt gebaut: Es ist ein Ort für sonnige Tage, die hier nur viel seltener als in Italien sind. Was auch der wichtigste Grund dafür ist, daß so viele Feste mit so viel Bier gefeiert werden. Es kann nicht schaden, wenn man versucht, den Himmel (und sich selber) heiterer zu stimmen: An grauen Tagen ist München gar nicht München.

Aber ist das München, was einer sieht, der am Odeonsplatz bei schönem Wetter das Panorama betrachtet? Die Straße, die nach Norden führt, ist ganz deutsch nach einem Ludwig benannt. Aber ihre Paläste sind aus Florenz importiert. Die Kirche mit der imperialen Rokoko-Fassade, St. Kajetan, ist der Nachbau einer Kirche in Rom. Und nach Süden schließt den Platz eine Loggia ab, die man nur deshalb nicht mit der Florentiner Loggia dei lanzi verwechselt, weil bayerische Bronzelöwen hier Wache stehen. Im Blau des Himmels scheint sich das Mittelmeer zu spiegeln: All das ist wirklich – aber nichts ist ganz echt.

Zwei Minuten von hier, auf der Maximilianstraße, spielen die Schaufenster ganzjährig Fifth Avenue, die Fassaden aber, die zugleich maurisch, gotisch, alpin wirken wollen – die gibt es nirgendwo sonst. Auch diese Straße will hinaus aus München führen: Die Stadt sehnt sich nach fernen Gegenden und Zeiten, selbst nach solchen, die es nie gegeben hat.

Italien ist näher als Norddeutschland. Und München hat aus dem Süden herangeschafft, was es kriegen konnte: das Barock aus Rom, den Klassizismus aus Florenz, den Jugendstil aus dem Süden der Imagination. Immer wurden die Münchner dabei von einer verrückten Hoffnung angetrieben: Wenn Münchens Straßen nur intensiv genug diesen Süden beschworen, würde die nördliche Düsternis, die meteorologische wie die metaphysische, die Stadt womöglich verschonen.

München ist bei sich, wenn es außer sich ist. München ist München, wenn es lieber alles andere wäre: So nährt die Stadt immer wieder den Verdacht, sie sei ein Werk der Hochstapelei. Die griechischen Tempel auf dem Königsplatz, die florentinischen Paläste der Ludwigstraße, die römischen Kirchen: Im Auge des Puristen unterscheiden sich Münchens Maskeraden von den Fälschungen in Disneyland nur durch ihr Alter: die ganze Stadt ein Themenpark.

Was aber nichts daran ändert, daß diese Maskeraden

auch den Betrachter inspirieren: Wenn diese Straßen so dreist behaupten, daß der Süden keine Frage des Breitengrads, sondern eine des Wollens und Wünschens ist – dann dürfen auch Münchens Bewohner und Besucher sich etwas wünschen, sich selbst erfinden und maskieren: als Südländer, als Lebenskünstler, sogar als Bayern. Münchner sind bei sich, wenn sie außer sich sind. Wer hier einen Trachtenanzug trägt, kommt aus dem Norden oder will was werden bei der CSU.

Ludwig I. bekam, als er für seine Florentiner Prachtstraße die engen Vorstadthäuser niederreißen ließ, von den Münchnern noch zu hören, daß ein Herr Maier eben kein Farnese sei, weshalb hier niemand eine solche Straße brauche. Wenig später wurde in dieser Straße das erste italienische Kaffeehaus eröffnet; und angefeuert vom starken Espresso, begannen die Münchener dann selber das Gerücht zu verbreiten, daß ihr Wohnort schon Italiens nördlichste Großstadt sei.

Daß die Stadt nicht von der Toskana, sondern von Oberbayern umgeben ist, bleibt ihr geringstes Problem. Denn erstens eignet sich diese Landschaft mit den Bergen und den Zwiebeltürmen perfekt für den Ausbau zum Sport- und Freizeitpark (eine Arbeit, die weitgehend abgeschlossen ist). Und zweitens begann in der Nachkriegszeit alle Welt daran zu glauben, daß der Deutsche in seiner sympathischen Variante (die unsympathische trug Pickelhaube und Monokel) ein grundlos fröhlicher Gebirgsmensch sei, der Lederhosen trage und zuviel Bier trinke, als daß man sich vor ihm fürchten müsse. Eine Illusion, die nicht einmal Franz Josef Strauß entkräften konnte, worunter er auch heftig litt.

Diese Stadt, die sich für alt ausgibt, ist tausend Jahre jünger als die umliegenden Orte, ein Parvenü neben Augsburg, Salzburg, Regensburg – und daß aus ihr doch etwas wurde, verdankt sie nur dem Größenwahn. Heinrich der Löwe, ein

Zugereister aus Niedersachsen, der vorübergehend auch in Bayern herrschte, ließ isarabwärts eine Brücke niederbrennen und baute da, wo noch kein München war, eine neue auf. Die Wittelsbacher, die später hier regierten, hatten einen Hang zu höheren Ämtern; deshalb verkleideten sie die kleine Residenzstadt des kleinen Landes Bayern als Rom, Versailles, zumindest als Wien.

Den größten Ehrgeiz aber hatte ein bürgerlicher Bewohner: Adolf Hitler, der seit 1913 hier gemeldet war, wollte ganze Straßenzüge niederreißen, um Platz zu gewinnen für monumentale Achsen – was nur zur Hälfte gelang. Als es mit Hitler zu Ende ging, war von der alten Stadt so wenig übrig, daß die Leute daran dachten, die Trümmer einfach liegenzulassen und am Starnberger See ein neues München aufzubauen. So hätte sich die Hauptstadt der Bewegung um 20 Kilometer bewegt. München außer sich.

Sie haben dann doch das alte München wiederaufgebaut – wobei es weniger auf Echtheit ankam und mehr auf den optischen Gesamteindruck. So errichtete München die perfekten Kulissen für das Spektakel, das hier in den folgenden Jahrzehnten gegeben wurde. Ein Spiel, das die Münchner und die Zugereisten gemeinsam aufführten – als Operette, Farce und Fernsehserie, als Klatschkolumne und Maskenball: das Spiel von der heimlichen Hauptstadt.

Aus dem umzingelten Berlin waren die großen Firmen und das große Geld nach München geflohen. Es folgten Forschungsinstitute und Studenten, Bürger, Künstler, Bohemiens, es kam, wer etwas werden wollte – in den Nachkriegsjahren wuchs München schnell; und wer nach Gründen suchte, fand nur die tautologische Erklärung: Was die Leute anzog, war die Anziehungskraft der Stadt.

In einer Zeit, da der Wiederaufbau die Gestalt der Städte unwiderruflich veränderte und historische Substanz für immer verschwand – in dieser Zeit suggerierte Münchens scheinbar kaum versehrtes Stadtbild, daß es in Deutschland auch Traditionen gebe, für die sich die Deutschen nicht zu schämen brauchten. Daß es München war, das Hitler hatte groß werden lassen: Das interessierte keinen mehr. Für Hitler büßte Berlin.

Die Nazis hielt man jetzt für eine preußische Erfindung, und Preußen war die DDR. Die Bayern dagegen: Waren die überhaupt typische Deutsche mit ihren vielen Festen, ihrer schlampigen Moral? Und sprach das womöglich eher für als gegen sie? Brauchte es, um selber so ein undeutsches Gefühl in sich zu spüren, mehr als einen Janker, ein Bier am Nachmittag und eine Wohnung in dieser Stadt, in der es Straßencafés, Langhaarige und Nacktbader gab, als solche Umtriebe im restlichen Deutschland noch unbekannt waren?

In Frankfurt und Berlin probten die Studenten in den späten Sechzigern die Revolution. In München hatte der Aufstand fünf Jahre früher begonnen; die Schwabinger Krawalle dauerten vier Tage und Nächte. Münchens Jugend kämpfte gegen die Polizei - dabei ging es nur um ein paar Straßenmusiker und Leute, die nachts in Schwabing auf der Straße getanzt hatten. Es ging ums Menschenrecht auf Spaß, Sex und Musik.

Ein Recht, das auch von Münchens wohlhabenden Schichten eingefordert wird - und das einfache Volk muß sich nicht ausgeschlossen fühlen: In Münchner Zeitungen erschienen Deutschlands erste Klatschkolumnen. Und als das Genre auch in anderen Städten aufkam, waren Münchens Gesellschaftsreporter doch immer noch gemeiner und größenwahnsinniger. Was vermutlich an den Leuten liegt, von denen sie berichten. In München wurde der Türsteher erfunden, was eine Meisterleistung der Dialektik war: Man kriegt eine Diskothek am besten dadurch voll, daß man niemanden hereinläßt.

Die »härteste Tür« (wie man hier sagt) hat eine Diskothek,

die P1 heißt – die Abkürzung ihrer Postadresse. Prinzregentenstraße eins: Hier steht das sogenannte Haus der Kunst, das, als es eröffnet wurde, »Haus der Deutschen Kunst« hieß – ein banaler Nazi-Bau, in dem 1937 die berüchtigte Ausstellung »Entartete Kunst« gezeigt wurde.

Die Kunst, welche die Nazis für entartet hielten, hat heute Hausrecht in dem Bau. Und im Souterrain, in der Diskothek, wird jede Nacht das Fest der Schönheit gefeiert. Nur die Schönsten kommen am Türsteher vorbei, und wer drinnen ist, hat die Grenze zwischen Kunst und Leben schon überschritten. Hier wird nicht einfach nur Musik gespielt, hier ist man selbst zum Resonanzboden der Lautsprecher geworden, und die Jungs und Mädchen auf der Tanzfläche sind so schamlos und so hartnäckig und manchmal so verzweifelt, als wären das Tanzen und der Sex die einzigen Künste, die der Wirklichkeit da draußen noch Widerstand entgegensetzen könnten.

Womöglich gibt es keinen Ort, wo man München besser verstehen könnte: Diese Stadt hat nichts, wenn sie keine Gegenwart hat. Diese Stadt will jetzt alles wissen, und die Zukunft ist ihr sowenig Trost wie die Vergangenheit. Soll Berlin seinen goldenen Zeitaltern hinterhertrauern, seinen wilden Zwanzigern, seiner Gründerzeit, seinen Salons! München kann sich kaum erinnern an die Zeit, da hier Thomas Mann und Wassily Kandinsky, Erich Mühsam, Stefan George und die ganze Schwabinger Boheme die Moderne erfanden. München sehnt sich nach den beiden Ludwigs sowenig wie nach den Siebzigern, als Giorgio Moroder hier Disco erfand und Fassbinder im Jahr drei Filme inszenierte. Was nicht heute nacht passiert, muß heute nacht auch nicht besprochen werden.

Manchmal war es, als stünde ein Türsteher auch an der Grenze der Stadt: Alle kamen, weil schon alle da waren, und dann stritten sie sich um die guten Jobs, um die Wohnungen, die Karten für Kammerspiele, Philharmoniker, Opernpremieren, um die Tische in Schumanns Bar, um Termine beim Schneider, beim Psychotherapeuten, um die Studienplätze und die Badeplätze und die freie Fahrt auf den Autobahnen nach Süden – und immer öfter sah es so aus, als ob sie alles, was sie einmal hierhergelockt hatte, verspeisten und verzehrten, einfach in sich hineinschlangen und hinunterschluckten, immer angetrieben von der Gier und der panischen Angst, zu kurz zu kommen.

Es gab eine Zeit in den späten Achtzigern, schon bevor die Mauer fiel und die Deutschen ihre unheimliche Hauptstadt zurückbekamen, da wirkte München erschöpft und abgegrast und ausgeweidet, verkatert und aufgeschwemmt vom vielen Feiern: Die Stadt sah so erledigt aus wie die Leopoldstraße, ihr schönster Boulevard, der trotz seiner breiten Trottoirs, seiner italienischen Cafés, seiner Pappeln und des wundervollen Blicks nach Süden von den Münchnern aufgegeben und seinen Plünderern überlassen wurde, den Fastfood-Ketten, den Touristen, den Wochenend-Schwabingern aus den umliegenden Dörfern.

Die Stadt nahm damals eine Auszeit von ihrem Größenwahn. Die Münchner wählten Georg Kronawitter zum Bürgermeister, der sich um Münchens Ruhe sorgte. Und während die Stadt ein wenig schlief, hat sie sich gut erholt. Im Jahr des Regierungsumzugs und der Berliner Selbsterregungen hat München nicht nur die beste Laune, sondern auch die besten Aussichten. Wofür es, ausnahmsweise, auch materielle Gründe gibt.

Die findet man ein wenig außerhalb der Stadt, deren Peripherie, vor allem im Süden und im Westen, noch heil und dörflich wirkt. Aber hier, in Dörfern, die Martinsried heißen oder Neubiberg, hier wachsen die Gehäuse der Zukunft. Hier stellen die Film- und Fernsehfirmen, die Forschungsinstitute und Software-Labors ihre futuristischen Neubauten hin, und im Sommer spiegelt sich in den Glasfassaden der gelbe, satte Raps.

Hamburg hat in den letzten Jahren große Teile seiner Innenstadt neu bebaut. In Frankfurt kratzen Banktürme an den Wolken. Und in Berlin überwuchern Stahl und Beton die Brache zwischen dem Westen und dem Osten. In Münchens Innenstadt war kaum Platz für die Moderne - die Zukunft wurde in die Dörfer verbannt. Und während anderswo die Menschen draußen wohnen und zum Arbeiten in die City fahren, leisten sie sich hier die teuren Altbauwohnungen in den inneren Bezirken und fahren morgens hinaus zu ihren Arbeitsplätzen.

So wird München los-angelisiert - selbst der Smog, der in Südkalifornien für die orangen Sonnenuntergänge sorgt, hat in München ähnlich starke Effekte. Die Luft schillert bläulich, der Dreck in der Atmosphäre wirkt wie ein Vergrößerungsglas, und was man sieht, hebt die Stimmung ins Euphorische. Es sei »wie ein leichter, schöner Gastod« - so hat der Schriftsteller Martin Gregor-Dellin die typische Münchner Inversionswetterlage beschrieben. Und wer von oben auf die Stadt schaut, der nimmt den Smog als eine Glocke wahr, unter der sich München ins Imaginäre zu verflüchtigen droht. München liegt anderswo.

In den letzten Jahren, als Deutschlands Städte die Theater schlossen und die Etats für die Künste kürzten, da geschahen in München seltsame Dinge. Das Prinzregententheater, ein nobler Bau der Jahrhundertwende, wurde renoviert und feierlich wiedereröffnet - obwohl niemand sich über einen Mangel an Bühnen beklagt hatte.

In der Maxvorstadt baut Stephan Braunfels eine Pinakothek der Moderne, die natürlich die schönste ihrer Art werden soll. Und wenn James Levine im ausverkauften Prinzregententheater die Münchner Philharmonie dirigiert, ist trotzdem kein Platz mehr frei im Gasteig, wo Lorin Maazel ein Konzert gibt. Und weil es den klassischen Künsten so gut geht in der Stadt, geben Münchens Unternehmen gern ein paar Millionen für die Avantgarde aus, für Kunst- und Performance-Projekte, die vor 20 Jahren auf den harten Widerstand von Kirche und CSU gestoßen wären.

»Die Kunst ist an der Herrschaft«, schrieb vor 100 Jahren der Zugereiste Thomas Mann. Die Kunst ist an der Herrschaft, möchte auch Münchens Oberbürgermeister sagen, wenn er daran erinnert, daß er auch als Schriftsteller und Kabarettist sein Geld verdienen könnte. Die Kunst ist an der Herrschaft, meint auch der Ministerpräsident von Bayern, der weiß, daß die Kunst dem Volk noch niemals Rechenschaft geschuldet hat.

Die Kunst ist an der Herrschaft – das war, natürlich, ironisch gemeint. Thomas Mann meinte die Kunst, sich selber als Künstler zu inszenieren und aus der Stadt eine Kulisse zu machen. Diese Kulisse wird ständig frisch renoviert. Die Kostüme kann man sich auf der Maximilianstraße kaufen, nach dem neuesten Schnitt, für sehr viel Geld. Das Publikum ist wohlwollend. Die Münchner haben nichts zu befürchten – außer, daß ihnen die Wirklichkeit auf die Köpfe fällt.

Herbert Rosendorfer

VERSUCH EINER INNEREN TOPOGRAFIE

Wer München begreifen will, muss sich bemühen, die Münchner zu verstehen. Ihre Neigung zu bissigem Widerstand und übellaunigem Granteln. Der Jurist und Schriftsteller Herbert Rosendorfer schlüpfte in die Rolle des Grantlers - und plötzlich passt alles zusammen: die Hässlichkeit der Neubauten, die schlechte Laune der Mitmenschen, sogar deren Sprache.

München, die Stadt München, die »Minkene Stadt«, München, das geleuchtet hat, gibt es nicht mehr. Nicht der Krieg hat München zerstört, sondern der Wiederaufbau. In einem jüngst erschienenen Buch, das unter den Fortschrittlern, die ja immer noch in der Mehrzahl sind, einen Aufschrei der Empörung hervorgerufen hat, ist nachgewiesen, daß mehr historische Bausubstanz, also wertvolle Architektur, nach dem Krieg den Planungen der entmenschten Städtebauer zum Opfer gefallen ist als während des Krieges den Bomben. Jaulend haben Ministerpräsident und Bürgermeister bestritten. Es hat nichts geholfen: Die Feststellungen in dem Buch stimmen. München, schlicht gesagt, gibt es nicht mehr.

Natürlich hat man die Theatinerkirche nicht abgerissen, auch nicht das Hofbräuhaus, aber man hat einen überflüssigen und noch dazu halbherzigen »Altstadtring« gebaut, der eine der schönsten Straßen der Stadt, die Maximilianstraße, zerstörte; man hat das Roman-Mayr-Haus am Marienplatz durch ein künstlerisch völlig indiskutables Kaufhaus eines architektonischen Schreibtischtäters ersetzt und damit den Stadtkern entwertet. Man hat am Isarufer eine ganze Reihe feiner Gründerzeithäuser abgerissen, um mit dem »Europäischen Patentamt« ein Zeugnis bereits überholter Modernität zu errichten. Die bauen, stellt man erstaunt fest, immer noch allen Ernstes in Glas und Beton, als gäbe es übermorgen noch etwas zu heizen. Aber das ist eine andere Frage.

Man hat die Theatinerkirche nicht abgerissen. Man hat die Juwelen belassen, aber man hat sie ihrer Fassung beraubt. Ein urbanes Bauwerk ohne die architektonischen Bezüge – die oft nur zufällig entstanden, aber eben gewachsen sind – ist isoliert, nur noch ein Museumsgegenstand, »geht nicht mehr« wie eine kaputte Uhr. Das Ensemble als schutzwürdiges Objekt wurde erst in den letzten Jahren entdeckt; zu spät. Zu spät zum Beispiel für das »Rochusbergerl« hinterm Maximiliansplatz, wo das Erzbischöfliche Ordinariat eine Art Westwall hinbaut. Genauso schlimm aber sind die Baumeister-Untaten, die man nicht mehr wahrnimmt, weil sie schon länger stehen, die öden Betongeschwüre aus den fünfziger Jahren, wo man noch dem Aberglauben der Funktionalität nachjagte: die trostlose Maxburg, der Kaufhof, der Hauptbahnhof mit seiner lächerlich asymmetrischen Kunstgewerbefassade. Das Ensemble als schutzwürdiges Objekt wurde zu spät entdeckt, wird erst heute diskutiert – nicht geschützt. Wenn es auf Spitz und Knopf kommt, hat noch immer der Beton gesiegt. Erst voriges Jahr, beim »Zacherlgarten« am Sendlinger-Tor-Platz, war es so. So sind die feinen, unwägbaren Fäden, die das Bild Münchens zusammengehalten haben, der Münchner Stadt, die einmal geleuchtet hat, zerschnitten. Die urbanen Zusammenhänge sind zerfallen. Es gibt noch einzelne museale Bauwerke, die einmal in München gestanden haben. Sie sind umgeben von Allerweltsarchitektur. München gibt es nicht mehr.

Auch den Münchner gibt es nicht mehr. Als ich 1940 in München in die Schule kam, waren von den 40 Buben 38 in München geboren, einer vielleicht in Rosenheim – ich, ein Exote, in Bozen. Als ich 1948 nach einigen Jahren der »Evakuierung«, wie man das damals nannte, nach München zurückkam, waren von 40 Gymnasiasten zwei in München geboren. Den »Weitpreis« unserer Klasse erzielte ein Volksdeutscher, der aus Mukden stammte. Das ist seit dem Krieg in keiner anderen Stadt anders, nur: In München hat es den Münchner gegeben, die ganzen differenzierten Schichten von Münchnern, während es den Berliner, etwa, bekanntlich nie gegeben hat, der stammte aus Schlesien wie der Wiener aus Komorn oder Brünn. In Hamburg waren nur die Patrizier Hamburger, woher die Frankfurter stammten, weiß ich nicht, aus Frankfurt jedenfalls nicht, aber die Münchner waren Münchner, und sogar das seinerzeit allerhöchste Herrscherhaus stammte aus der Gegend, ein – meines Wissens – einmaliger Fall, wenn man bedenkt, daß die preußischen Hohenzollern aus Württemberg, die k.u.k. Habsburger aus der Schweiz, die russischen Zaren aus Holstein und die britischen Windsors aus Coburg kommen. Die Wittelsbacher stammen aus Scheyern, das ist zwar nicht direkt in München, aber immerhin schon fast im S-Bahn-Bereich.

München, die Hauptstadt des Freistaates Bayern, ist eine Stadt wie alle anderen großen Städte: schmutzig, vergiftet, abends tot, durch abergläubische Verkehrsplanung »autogerecht« gemacht, mit einer Kruste von funktioneller Architektur überzogen, die ein paar museale Sehenswürdigkeiten ausspart, bewohnt von einem Konglomerat aus Schlesiern, Sudetendeutschen, Preußen, Franken, Schwaben, Österreichern, Italienern, Griechen, Türken, zwischen denen sich ab und zu - unkenntlich - ein Münchner eher scheu bewegt.

Daß sich München vor einigen Jahren die schmückende Bezeichnung »Weltstadt mit Herz« beigelegt hat, kann außer Betracht bleiben, da es sich um eine sinnleere, alberne Formel handelt, die einer auch nur annäherungsweisen Nachprüfung nicht standhält und außerdem nur dann herangezogen wird, wenn die Dackelbesitzer wieder einmal dagegen protestieren, daß sie den Dreck ihrer Tiere selber beseitigen sollen. Zu denken geben muß dagegen aber das Gerücht von München als der »heimlichen Hauptstadt« der Bundesrepublik. Nicht, daß das Gerücht stimmte, nur: Wie kam es dazu, und warum hält es sich so hartnäckig? Wahrscheinlich ist das Gerücht - wenn der Slogan »heimliche Hauptstadt« nicht ursprünglich ironisch gemeint war - eine Ausgeburt des Neides. Nicht die, natürlich, haben das Gerücht aufgebracht, die gern in München wohnen würden, sondern diejenigen, die solche Leute ärgern wollen.

Eine Hauptstadt ist München nicht - ja, schon: die Hauptstadt eines Bundeslandes, aber das ist Hannover auch, sogar Saarbrücken. Eine Hauptstadt, eine Metropole, eine Weltstadt ist München nicht, war es nie. Dazu ist fast alles, was es hier gibt, eine Spur zu provinziell, mit Ausnahme vielleicht der - spärlichen - Zeugnisse aus der kurfürstlichen Zeit, der eigentlichen, einzigen großen Zeit Münchens, der Zeit, in der München, wenn auch nur drei Jahre lang, Kaiserstadt war. Seither ist alles eine Spur provinziell: die imitierte Königskrone in der Schatzkammer, die falsche Feldherrnhalle, die offizielle Literatur eines Paul Heyse, die Opernfestspiele, die Küche. Selten schafft es eine Institution, den Provinzialismus zu überwinden: Die Kammerspiele waren einmal ein deutsches Theater von überregionaler Bedeutung, das ist lange vorbei. Die Bezeichnung »Millionendorf« für die Stadt ist zutreffender als das Gerücht von der heimlichen

Hauptstadt. Das bayerische Selbstverständnis beruht auf der Eigenanschauung als Deppen. Georg Lohmeier hat einmal gesagt: »Die Bayern sind erst dann glücklich, wenn jeder, aber auch wirklich jeder weiß, daß wir die größten Trottel sind, die es gibt.« Lohmeier selbst hat – mit seiner Fernsehserie »Kgl. bayerisches Amtsgericht« – kräftig dabei mitgewirkt. Man muß sich die Produktionen des »Platzl« oder den »Komödienstadl« anschauen, um zu wissen, wie wahr Lohmeiers Wort ist. Wer veranlaßt den Bayern, sich selbst genüßlich als Oberidioten darzustellen? Die Bescheidenheit ist es wohl nicht, auch nicht die Einsicht. Es ist der Grant. Der Grant ist eine spezielle, spezifisch bayerische und vor allem münchnerische Seelen- und Gemütslage, die mit dem Ausdruck »schlechte Laune« nur unzulänglich übersetzt ist.

Der Grant ist ein ständiges Karate gegen die eigene Seele, die sich vor diesem selbstzerstörerischen Bombardement endlich in einen unangreifbaren Felsen von Innenbrutalität zurückzieht und dann als Verkörperung des bayerischen Wesens dasteht: die schlackenlos durchglühte kgl. bayerische Ruhe.

Diese Seelenlage, der keiner besseren Ausdruck verliehen hat als der trotz allem immer noch weit unterschätzte Karl Valentin, dieser Staatsgrant, diese Verdrossenheit und Melancholie, legt keinen Wert auf Reklame. Dem grantigen Münchner ist es am liebsten, wenn man ihn für einen Deppen hält und in Ruhe läßt. Daß es dabei Leute gibt, die die Mimikry der Beschränktheit so weit verfeinern, daß sie tatsächlich beschränkt werden, ist klar. Solche sind vor allem dort zu finden, wo dann der »Komödienstadl« produziert wird.

Im Laufe der Zeit hat sich aber erwiesen, daß der selbstschützende Grant ein Schlag ins Wasser war. Das hatte zwei Gründe. Erstens glaubten und glauben alle Preußen – im bayerisch-geographischen Sinn: also alle nördlicheren

Deutschen - München überrollen zu können. Sie haben recht. Sie haben es überrollt. Der Münchner war zu grantig, um sich zu wehren. Wahrscheinlich hat er gedacht: Geschieht mir recht, bei meinem gotteslästerlichen Grant. Zweitens zeigte sich, daß die Münchner, abgekapselt in ihrem Grant, zur Assimilation nicht fähig sind. Es ist bekannt, daß etwa Wien Millionen von Zuwanderern aus Böhmen, Ungarn, den Teilen der alten Monarchie, die auf dem Balkan lagen, mühelos aufgesogen, zum eigentlichen Wiener verschmolzen hat. Das gleiche ging in Berlin mit den Ostelbiern bis »Wasserpolacken« vor sich, von ähnlichen Vorgängen in Paris, London oder gar New York nicht zu reden. In München ist es anders. Unfähig, die Fremden wieder abzustoßen, unwillens, sie aufzusaugen, überwuchert und durchsetzt das Fremde München, isoliert die Münchner, kreist sie ein, drängt sie zurück, nicht einmal ein Ghetto gibt es, nur noch Einzelkämpfer in Schützenlöchern.

Vielleicht liegt die mangelnde Assimilierungsfähigkeit in der bayerischen Sprache begründet, die noch schwerer zu lernen ist als Ungarisch. Von diesem sagt man, daß es noch nie einen Menschen gegeben habe, der in erwachsenem Alter fließend Ungarisch zu sprechen gelernt habe. Aber die zweite Generation der etwa in Budapest ansässig gewordenen Slowaken, Juden, Ruthenen, Kroaten hat Ungarisch gelernt. Anders in München: Es wächst inzwischen die dritte Generation derer heran, die 1945 als Flüchtlinge nach München gekommen sind, keiner spricht Münchnerisch. In Obersendling, in der Nähe von »Siemens«, gibt es ganze Viertel, in denen man nur norddeutsche Laute hört. Münchnerisch ist schwer, vor allem, weil es mehrere Spielarten dieser Sprache gibt. Dabei rede ich hier gar nicht von den regionalen Idiomen, dem Giesingerischen, dem Pasingerischen, dem Haidhauserischen, sondern von den sozialen Schichten. Es gibt das Hofmünchnerisch, das den Angehörigen des Hauses

Wittelsbach vorbehalten ist und dem Stadtpfarrer von Neuhausen, der in dieser Sprache predigen darf und als äußeres Zeichen dafür den einzigen Privatschlüssel zum Nymphenburger Park besitzt. Es gibt – oder gab – das großbürgerliche Münchnerisch, das die Wirte und Kaufleute um den Marienplatz herum gesprochen haben und Richard Strauss. Es gibt das sogenannte »Radspieler«-Münchnerisch, genannt nach einer Familie, die ein Renommiergeschäft für Kunstgewerbe betreibt, in dem jeder einkaufen muß, wenn er dazugehören will. Es gibt das Medien-Münchnerisch, einen fast schon dämonischen Dialekt, der einem entgegenschlägt, wenn man die Vermittlung des Bayerischen Rundfunks in Freimann anruft. Es ist das eine Art zähnebleckende Sprache, die sich für speziell elitär hält. Und es gibt das Münchnerisch, das im »Soller« und im »Schwanen« gesprochen wurde, den beiden – nicht mehr vorhandenen – Gasthäusern, in denen man gefälschte Waffenscheine, aber auch eingeschlagene Zähne bekommen konnte. Im »Schwanen« waren die Tische angeschraubt, das Bier wurde nur in Flaschen serviert, weil die Krüge immer gestohlen worden waren.

Die Grenzen dieser »Soziolekte« sind natürlich fließend, es gibt unzählige schillernde Zwischenstufen. Insgesamt wirkt aber offenbar dieses starke Gewebe als Abwehr, vielleicht tödlich für das, was es verteidigt.

München dürfte die einzige Stadt der Welt sein, in der Straßen nach Niederlagen des vaterländischen Heeres benannt sind. Es gibt im Norden Münchens eine Hanauer Straße. Da weit größere Städte, näher liegende, durch keinen Straßennamen geehrt sind und sich um die Hanauer Straße ausgesprochen militärische Straßennamen finden (Richthofen-, Gneisenau-, Dessauerstraße), ist die Sache nicht anders zu erklären, als daß die Hanauer Straße nach der Schlacht von Hanau am 30. und 31. Oktober 1813 benannt ist. Der bayerische Feldmarschall Wrede versuchte damals, dem nach der Völkerschlacht bei Leipzig fliehenden Napoleon ein Bein zu stellen, und erhielt dafür im Vorbeigehen von dem zornigen Löwen sozusagen von dessen linker Tatze eine Ohrfeige. Es war eine der schmählichsten Niederlagen der bayerischen Geschichte und kostete 10 000 Bayern das Leben. Daß ebendieser Wrede – neben dem aus ganz anderem Holz geschnitzten Tilly – in der Feldherrnhalle am Odeonsplatz steht, erklärt sich so, daß König Ludwig diese Imitation erbauen ließ, weil ihm das Original in Florenz so gut gefiel. Erst als sie stand, fiel es dem König ein, daß Bayern über keine zwei monument- oder gar hallenwürdige Feldherren verfügte. Die Planstellen wurden also nolens volens mit Tilly, der kein Bayer war, und dem glücklosen Wrede besetzt.

Noch klarer ist der Eigenschimpf beim Kufsteiner Platz. Hier ist es völlig klar, daß diese Benennung auf die bayerische Niederlage in Kufstein – Anno 1504 – zurückgeht, denn die von diesem Platz wegführende Pienzenauer Straße ehrt den geschlagenen bayerischen Verteidiger der Burg von Kufstein. Niemanden wird es danach noch wundern, daß die Stadtväter Münchens auch nicht davor zurückschreckten, die königlich bayerischen Untaten am Berg Isel und den Andreas Hofer durch je eine Straße zu ehren, dessen Erzfeind nicht die Franzosen, wie allgemein deutschtümelnd gelogen wird, sondern natürlich der »Boar-Fak« (die Bayern-Sau) war. Selbstzüchtigung, gegen sich selbst gerichtete Seelenstacheln, Grant. Nicht der aufbauende Friedensfürst Ferdinand Maria lebt im Andenken des Volkes fort, sondern sein abenteuernder, verschwenderischer, ja gewissenloser Sohn Max Emanuel; nicht der noble und gebildete König Ludwig I. ist der bayerische Märchenkönig, sondern sein Enkel Ludwig II., der nicht nur vom Feind Bismarck Geld genommen, der sogar Pläne gemacht hat, sein Königreich gegen ein Fürstentum in Indien zu vertauschen, weil er die Gesichter seiner Untertanen nicht mehr ertragen konnte. Kasteiung durch Erinnerungen. So wird auch Hans-Jochen Vogel als Märchenbürgermeister in das Gedächtnis des Volkes eingehen. Bei seinem Amtsantritt 1960 hat er - man glaubt heute gar nicht mehr, daß ein auch nur leise vernunftbegabtes Wesen derartiges ernsthaft zu äußern gewagt hat - verkündet, daß das Ziel der Stadtplanung die *autogerechte Stadt* sein müsse. Die Pläne waren dementsprechend. Sie waren umwälzend, vor allem erdumwälzend. Manche Erdhaufen stehen heute noch. Das ist aber auch wieder ein anderes Kapitel. Worauf ich hier hinauswill, ist ein Plan, der damals - wenn auch spaßhaft - vorgeschlagen wurde: nicht in der Stadt eine U- und S-Bahn und einen Altstadt- und einen Mittleren und Äußeren Ring und eine Isartangente und das alles zu bauen, sondern weit draußen im Dachauer Moos, da wäre es viel billiger, und dann die Stadt dorthin zu verlegen.

Es gibt Winkel in München, die so aussehen, als wäre alles Autogerechte tatsächlich hinaus ins Dachauer Moos verlegt worden. Es gibt noch solche Winkel. Der Freitagnachmittag, dieser kleine Herbst der Woche, ist am besten geeignet, solche Winkel zu entdecken: der alte Botanische Garten, wenn dort im Café der müde Kellner die Stühle schon auf den Tisch gestellt hat und nur ein einziger Gast unter den leuchtenden Kastanien vor seinem Bier sitzt; der Innenhof des palastähnlichen Hauses an der Ecke Brienner Straße / Odeonsplatz, wenn es so leise geworden ist, daß man den Brunnen hört, und die goldgelbe Theatinerkirche überragt das Idyll fast wie in einer römischen Vedute; der Brunnenhof der Residenz, wenn nicht gerade der »Feinkostkäfer« mit Lastwagen das Buffet für einen Staatsempfang anfährt; ein paar enge Gassen in Obergiesing, wo noch eine Gastwirtschaft ihren Vorgarten mit leeren Bierfässern gegen die Fahrbahn abgrenzt; die Mondstraße, wo noch der Auer Mühlbach fließt, sofern nicht gerade ein Fernsehteam hier einen Film über das alte München dreht. An manchen Tagen, oft nur für einige Augenblicke, fällt hier die Zeit von den Fassaden, tritt die Unruhe zurück von den Plätzen und Bäumen, öffnet sich eine gewisse Lautlosigkeit, die für einen Moment über der Straße schwebt wie der lichte Föhnhimmel. Die Momente werden zusehends seltener, aber noch gibt es sie. Sie lohnen es einem, daß man in München lebt. Manchmal sind sie so herzergreifend, daß man meint: Trotz allem kann man nur hier leben.

Dirk Schümer

ANSICHT VON AUSSEN

München als Metropole der Musen – ein erfolgreicher Mythos, der bis heute lebt. Wie hat es München nur geschafft, sich im Glanz seiner Klischees sonnen zu dürfen?, fragt sich der Autor und Journalist Dirk Schümer.

Offenbar haben die Münchner alles richtig gemacht, als sie nach 1945 in die Lücke stießen und der enthaupteten Bundesrepublik eine Metropole fehlte. Mit dem bayerisch sturen Glauben an die Tradition ging München zielstrebig zu Werk. Während anderswo sogar die heilen Barockkirchen und die nur halb zerstörten Rathäuser des Mittelalters mit dem Bulldozer abgeräumt wurden, bastelten die Münchner jahrzehntelang und unter großen Mühen daran, wenigstens das Rückgrat und die Umrisse ihrer total zerbombten Stadt wiederherzustellen. Man begann, sich, den Deutschen und der Welt die heitere Seite des Bayerntums vorzuspielen.

Sicher, München wurde modernisiert wie andere deutsche Großstädte auch, bekam sogar leistungsfähige Industrie und einen Ministerpräsidenten, der im deutschen Föderalismus etwas zu sagen hatte. Doch zugleich wahrte die Stadt das Gesicht.

In den sechziger und siebziger Jahren wurde München zum Synonym für Weltoffenheit und Tabulosigkeit. Mochten in Frankfurt und Berlin Studenten und Polizei aufeinander einprügeln – hier saßen die Hippies im Englischen Garten, hier fanden die »heiteren Spiele« statt, und hier wurden die Schulmädchen-Reporte gedreht.

Kriminalkommissare, neudeutsche Ikonen der sanften Art, verkörperten den verständnisvollen Staat. Die Wirkung von Derrick, der seine Verbrechen meist im soliden Wohlstandsmilieu von denkbar unaufregenden Vorstädten wie Grünwald oder Haidhausen lösen durfte, ist für das Image von München gar nicht zu überschätzen: Milliarden lernten so ein friedliches Land kennen, in dem schon ein dackeläugiger Opi genügt, um die Unterwelt in Schach zu halten.

Wer erleben wollte, wie entkrampft die Nachkriegsgeneration das süße Leben entdeckte, der zog nach München zum Studieren, zum Abhängen, zum Berühmtwerden. Am besten alles zugleich. Fassbinder stellte nirgendwo anders als hier seine geniale Gang zusammen. Die Dietls und Wondratscheks, die woanders als Kleinstadtintellektuelle und Strizzis geendet wären, verherrlichten ihr Kneipenleben, berichteten in abendfüllenden Filmen vom Italiener um die Ecke, verklärten ihre Weibergeschichten und eine Schickimicki-Welt, die höchstens aus drei Dutzend Angeödeten besteht. Kir Royal.

Ein Modeschöpfer wie der klug kalkulierende Exzentriker Rudolph Moshammer, der an der Maximilianstraße Hemden und Accessoires wie Hundebücher und Lebensphilosophie-Traktate verkauft, wäre anderswo undenkbar. Aber die Münchner sind stolz, wenn sie sehen, wie sich ganze Kerle in halbe Seide drapieren.

Dem arbeitsscheuen Charmeur »Monaco-Franze« wurde – in der unnachahmlich lätschigen Gestalt von Helmut Fischer – ein Bronzedenkmal an der Münchner Freiheit gesetzt: kein saftstrotzender Frauenheld, sondern ein verschlafener Kaffeehaushocker in denkbar profanem Milieu von eisessenden Omis. Wieder schafft es die Stadt, sich unheroische Helden zu suchen und die eigene Wohlhäbigkeit souverän lächerlich zu machen.

Wo haben die Münchner, die sich jahrhundertelang nur als Handwerker, Bierbrauer und Kanzleibeamte durchs Leben schlugen, das gelernt? Bei einem Mann, der die Münchner nach Kräften verachtete, der ihre Stupidität und Kleinmütigkeit haßte und sich am liebsten in die Berge zum Träumen zurückzog. König Ludwig II. machte den Bayern vor, daß man als Verrückter sehr zukunftsweisende Ideen haben kann.

Im Gebirge verwirklichte er den Traum von vollkommen sinn- und nutzloser Kunst, den selbst er sich nur ein paar Jahre leisten konnte. Als der König dann 1886 abgesetzt und - wie auch immer - ertrunken worden war, rieben sich die Münchner verwundert ihre Augen und merkten, daß man auch in einem Märchenland prima leben konnte. Vielleicht sogar angenehmer als im Reich der militärischen und industriellen Wirklichkeit, das in Deutschland das Ruder übernommen hatte.

Während im Norden die Kaiser Heer und Flotte ausbauten, herrschte über Bayern ein zweiter geisteskranker und zäher König, vertreten von dem gütigen Kunstfreund Prinzregent Luitpold. Von dieser glücklichsten aller Epochen zehrt München noch heute. Fin de siècle.

Künstler und Lebenskünstler zog es magisch nach München, und es begann eine Geschichte, die auch heute noch den Geist der Stadt bestimmt, vielleicht mehr denn je: München wurde zum Anti-Berlin. Es wurde zur Metropole fern der Macht und nah am Süden, wo man vielleicht weniger zu sagen, aber mehr zu lachen und zu genießen hatte. In dieser fidelen Jahrhundertwende-Stadt durfte Träume ausleben, wer sich traute und die gesellschaftlichen Sanktionen zu erdulden bereit war. Die spleenige und mannstolle Gräfin Franziska von Reventlow hielt sich einen Verehrerkreis, berichtete über das Hetärenleben in diversen Romanen und gebar einen Knaben, dessen Vatersnamen sie zeitlebens geheimhielt – wenn sie ihn denn überhaupt wußte.

Es waren allesamt Zugezogene wie der knabenliebende Dichterpriester Stefan George oder der rassistische Erweckungsphilosoph Ludwig Klages, die sich in München austobten. Es muß hier gebrodelt haben vor Ideologien, ästhetischen Schulen und Psychopathien.

Die ganze Szene traf sich zu Künstlerfesten, von denen man noch heute erzählt. Halb angezogene Damen der Bürgerschaft konkurrierten mit vermummten Halbweltgestalten, Kellnerinnen arbeiteten sich zum Gspusi von Philosophen hoch. Die Münchnerinnen, so hieß es, nahmen es mit der Moral nicht so genau. Ob das noch immer so ist, sei dahingestellt. Viele Annehmlichkeiten des Münchner Jugendstils sind verlorengegangen.

Dennoch hat München das Selbstbewußtsein, eine Stadt der Künste und ergo etwas ganz Besonderes zu sein, in die nüchterne Gegenwart der Bundesrepublik mitgenommen. Der Mythos des freien und besseren München nährt sich bis heute dadurch, daß man nach 1945 an die richtigen Traditionen wieder anknüpfte, anstatt sie mit den schlechten allesamt zu verwerfen. München leuchtete nicht mehr, aber es glomm noch Feuer in den Ruinen.

Genau betrachtet, zeugten die ephemeren Wonnen der behäbigen Prinzregentenzeit immer schon vom Untergang und vom Ende; in jedem Karnevalsrausch und jeder Ausschweifung ist die Furcht präsent. Vielleicht ist sie, gepaart mit der katholisch-ländlichen Verwurzelung, dafür verantwortlich, daß die Münchner über so viel spinnerten Monarchen und Literaten, über Halbweltdamen und Ganzheitslehrer letztlich auf dem Boden blieben.

Ein Sargtischlergeselle mit dem Namen Fey hat schon in den zwanziger Jahren unter dem Künstlernamen Karl Valentin aus großspurigen Parolen die Luft herausgelassen. »Wer heute noch behauptet, München sei eine Kunststadt, der ist selbst daran schuld, daß sie keine mehr ist.«

München als Metropole der Musen – das hat sich dennoch als profitabler Mythos in unsere Tage gerettet. An schönen Orten läßt sich immer noch lustvoll davon träumen. Das gnädige und bekömmliche Weißbier sorgt für einen Gehirnschwurbel, der die Welt erträglicher macht.

Um einen herum sitzen Menschen, die leise miteinander reden oder meditierend in ihr Bier starren. In solchen Stunden steht die Zeit still oder geht rückwärts, zum Kini Ludwig oder zum Prinzregenten Luitpold. Da läßt sich's bis in den Abend über die Zirkelschlüssigkeit des Denkens, über die Endlichkeit des Seins und den Unsinn aller Wörter grübeln – bis zum nächsten Schluck, bis alles unwichtig wird. Und man eine Geschichte ersinnen kann von München, der heiteren Metropole, die so ganz anders ist als jede andere deutsche Stadt.

MÜNCHNER LEBENSART

Mia san mia!

Christian Eichler

PLANET BAYERN

Der FC Bayern München gilt seinen Fans längst als größter Fußballverein aller Zeiten: erfolgreichste Mannschaft, bester Trainer der Welt, wertvollste Marke im Weltfußball. Christian Eichler erklärt, warum bei dem Fußballverein der Sinn für Kleinigkeiten trotzdem sehr ausgeprägt ist.

Drei Chinesen stehen auf dem Marienplatz vor dem Rathaus und weisen hinauf zum Rathausbalkon. Da oben war's, sagen ihre Augen, da oben haben sie gestanden. Da wäre man jetzt auch gern, aber einfach so kommt man nicht dorthin. Und so bleiben die drei unten auf dem Marienplatz und fotografieren einander in ihren fabrikfrischen roten Trikots vor dem Balkon, auf dem die Bayern ihr großes »Triple« feierten – damals im nassen Frühsommer 2013, als es über München Weißbier regnete.

Ein Jahr zuvor noch flogen die Bayern-Fußballer nach China, um von Chinesen gefeiert zu werden. Als eines seiner größten Erlebnisse als Vorstandsvorsitzender der FC Bayern AG schildert Karl-Heinz Rummenigge die Asienreise im Juli 2012, als Team und Klubführung auf dem Flughafen von 3000 Chinesen in Bayern-Trikots begrüßt worden seien – die dann im Chor »Stern des Südens« sangen, das Vereinslied, das der Münchner Kabarettist Willy Astor komponiert hat.

Es blieb nicht das letzte Ständchen. Vor dem Finale der Champions League gegen Borussia Dortmund mixten die Münchner Philharmoniker aus dem Bayern-Lied, der Champions-League-Melodie und »God save the Queen« eine Hymne für das Team. »Holt den Henkelpott nach München«, sang dazu der Philharmonische Chor München, Maestro Lorin Maazel dirigierte im rot-weiß gestreiften Bayern-Trikot. In diesem Moment nahm auch die Welt der Münchner Hochkultur in der Bayern-Fankurve Platz. So hatte sich der schrille Chor der Eitelkeiten, der ante 2013 den Ton des Rekordmeisters angab, in eine Quelle des Wohlklangs gewandelt. In ein Ensemble, dem die Welt Hymnen darbrachte. Aus dem FC Hollywood war der FC Harmonia geworden. Und aus dem FC Bayern »ein Weltereignis«, wie die *Abendzeitung* in München schrieb.

Schon vor dem Triple, dem Gewinn von Meisterschaft, Champions League und DFB-Pokal in einer Saison, stufte das britische Unternehmen »Brand Finance« den FC Bayern München erstmals als wertvollste Marke im Weltfußball ein. Mit einem Wert von rund 660 Millionen Euro überholte der Verein damit Manchester United (ca. 642 Millionen). Dieser Aufstieg ist besonders bemerkenswert, weil er den Bayern gelang, ohne Fußball zum Vabanquespiel zu machen, wie es in der Branche weit verbreitet ist. Die anderen europäischen Spitzenklubs sind entweder hoch verschuldet (wie Real Madrid oder der FC Barcelona) oder abhängig von den Zuschüssen der Rohstoff-Milliardäre, denen sie gehören (wie Manchester City oder Chelsea London). Der FCB dagegen hat Europas Gipfel schuldenfrei und unabhängig erreicht. Kurz nach dem Triple präsentierte der Klub dazu den begehrtesten Trainer der Welt. Und natürlich stellte Pep Guardiola schon am ersten Arbeitstag in München einen Rekord auf: die größte Pressekonferenz in der Geschichte des deutschen Klubfußballs, um die 250 Journalisten waren dabei.

Alles ein bisschen größer hier – der Satz könnte als inoffizielles Zweitmotto neben dem Bayern-Mantra »Mia san mia« dienen. Wir sind groß, wo wir sind, ist oben – in dieser Hinsicht ist der FC Bayern das Musterkind seiner Stadt. »Die Sonne scheint, die Alpen glühen, die Wirtschaft boomt, der FC Bayern ist erfolgreich. Alles ist wunderbar!«, so beschreibt es der Westfale Rummenigge, der mit 18 nach München kam. »Womöglich auch ein bisschen besser als im Rest des Landes. Das braucht diese Region für ihr Selbstverständnis.« Und weil der Erfolg so positiv auf Volkes Laune wirkt, erhob Ministerpräsident Horst Seehofer den Verein in den Rang einer CSU- und damit staatstragenden Institution: »Wenn es dem FC Bayern gutgeht, geht es auch der CSU gut.«

Wohl nur in München lösen Transfersummen wie die 40 Millionen Euro für den Spanier Javi Martínez und horrende Spielergehälter kaum Sozialneid aus, keine Diskussionen über den Wert der Arbeit von Ballspielern im Vergleich zu der von Notärzten oder Erzieherinnen – sondern im Gegenteil einen spürbaren Stolz, dass unser FC Bayern sich so was leisten kann. Man muss es sich ja auch leisten können, ein Münchner zu sein. Wer es schafft, kennt die Preise. Und empfindet sie als Teil des lokalen Selbstwertgefühls.

Natürlich ist der FC Bayern viel mehr als nur ein Münchner Verein. Die *Frankfurter Allgemeine Zeitung* nannte ihn »FC Deutschland«. Er hat die größte Anhängerschar im Land, 14 Millionen laut Klubangaben. Zu den Heimspielen reisen Fans aus einer Entfernung von durchschnittlich 225 Kilometern an. Früher hieß es im Volksmund, Bayern-Fans seien überhaupt Auswärtige, der echte Münchner sei vielmehr ein »Sechzger«, ein Anhänger des TSV 1860. Doch das kann heute niemand mehr ernstlich behaupten, denn der FC Bayern und FC Deutschland ist münchnerisch durch und durch. Der Klub hat, wie in den glorreichen Siebzigern mit den Giesinger Burschen Beckenbauer und Schwarzenbeck oder den bayerischen Kraftmeiern Maier, Breitner, Roth, seine neue große Ära wieder mit Eigengewächsen geprägt: dem liebenswürdigen Münchner Lahm, den kernigen Land-Bayern Müller und Schweinsteiger, die schon als Jungen zum Kicken in die große Stadt kamen.

Längst ist der FC Bayern auch eine der touristischen Attraktionen Münchens. Etwa mit der Fußball-Stadtrundfahrt per Kleinbus vom Vereinsgelände an der Säbener Straße zum Stadion an der Grünwalder Straße, das man sich in den Sechzigern noch mit den »Sechzgern« teilte; weiter zur Theresienwiese, auf der die Bayern in grauer Vorzeit einige Spiele bestritten (seitdem aber nur noch Wiesn-Abende in Lederhosen); schließlich zu den späteren Stätten von architektonischem Weltrang, dem Olympiastadion und der Allianz-Arena.

Dort darf man die Weiträumigkeit der VIP-Logen und Spielerkabinen bewundern. Und das mobile »Rasen-Solarium«, das mit 600 Lampen von je rund 1000 Watt den Rasen auch im Winter grün hält. Innen wie außen, wo bei Bayern-Spielen die strahlende Hülle die Nacht erröten lässt, bestätigt sich ein berühmter Satz, der fast so alt ist wie der Klub: »München leuchtete.« Und wer weiß? Vielleicht wäre Thomas Mann, der ihn geprägt hat, heute sogar Bayern-Fan.

Bei allem Streben nach Größe bewahren die Fußball-Bayern einen Sinn für jene Kleinigkeiten, die ein Unternehmen, eine Marke mit Leben erfüllen – und nebenbei gut fürs Image als Weltklub mit Herz sind. Kleinigkeiten wie etwa der Klingelton mit der Klubmelodie, der bei jedem Bayern-Tor auf den Handys der Vereinsangestellten erklingt. Oder wie die Kennzeichen der Dienstwagen, die in Jahren ohne Meistertitel in der Mitte das Kürzel RM für Rekordmeister tragen, in Jahren als Titelträger aber ein DM, Deutscher Meister.

Auch der soziale Anspruch, früheren Mitarbeitern in Not zu helfen, gehört zum gepflegten Image des Familienklubs.

So wie Gerd Müller vom Verein mit einem Job beim Amateurteam aufgefangen wurde. Dafür bedankt sich der größte deutsche Torjäger in einem Film in der »Erlebniswelt«, dem modernen Klubmuseum in der Arena, geleitet von Sabine Hoeneß, der Präsidententochter. Auch Hans-Georg »Katsche« Schwarzenbeck ist dort verewigt, der den ersten Europapokalsieg der Landesmeister 1974 mit einem Gewaltschuss rettete und bis heute die Büros an der Säbener Straße mit Schreibwaren beliefert - auch die der Rechtsabteilung, in der seine Tochter Heidi arbeitet. Und so findet man unter den rund 500 Mitarbeitern des Klubs viele bekannte Namen aus erster oder zweiter Generation - eine Verbundenheit des Vereins mit seinen Veteranen und deren Abkömmlingen, die mehr ist als Sozialgeplänkel. Der Klub spann mit früheren Profis wie den Brasilianern Giovane Elber und Paulo Sérgio, die nach Rückkehr in ihr Heimatland als Talentsucher für die Bayern arbeiteten, ein Netzwerk von Ehemaligen und immer noch Einflussreichen, das an die Alumni-Verbindungen von Elite-Universitäten erinnert.

»Dass man auch mit wirtschaftlicher Vernunft mit den richtigen Leuten große Erfolge erreichen kann«, sagte nach dem Triple der Mann, der den FC zum Blühen brachte, »das macht uns sehr stolz in einem Jahr, da wir ein Vorbild sind für alle in Europa.« Natürlich Uli Hoeneß. Der Mann, der immer an alles gedacht hat - und dann der große Bayern-Verlierer im größten Bayern-Jahr war. Weil er wohl an eines doch nicht gedacht hatte: die Kapitalertragssteuer für sein Schweizer Konto zu bezahlen.

Dass aus einem verschuldeten Traditionsklub die Münchner Weltmarke FC Bayern wurde, bleibt sein Verdienst. Als 27-jähriger Ex-Profi mit kaputtem Knie übernahm der Metzgerssohn und spätere Wurstfabrikant 1979 das Management des FC Bayern, für den er den ersten Sponsorvertrag auf einem Bierdeckel im »Franziskaner« unterschrieb. In drei

Jahrzehnten machte er ihn zur Gewinnmaschine, finanziell und sportlich. Und mehr noch. »Der FC Bayern hat sich zu einem gesellschaftlichen Ereignis entwickelt««, sagte er kurz vor seinem 60. Geburtstag im Januar 2012, auf dem Gipfel seines öffentlichen Ansehens. »Bayern ist eine Philosophie, Bayern ist ein Aushängeschild, Bayern ist eine Vision.«

Vor allem aber ist es eine unverwechselbare Marke, fast jedem Deutschen ein Begriff, fast keinem egal. Ein mittelständischer Betrieb, dessen Bekanntheit ganze Dax-Konzerne in den Schatten stellt. Laut *Bundesliga-Magazin* ist der FC Bayern »das Unternehmen mit der größten täglichen Medienpräsenz in Deutschland« – übertroffen nur von der Bundespressekonferenz in Berlin.

Meisterlich versteht es der Klub, sich mit den größten deutschen Unternehmen zu vernetzen. Partner wie Audi, Adidas, Allianz oder Lufthansa dienten den Bayern laut Rummenigge als »Türöffner« auf Märkten wie China – etwa mit der Idee, Audi-Käufern ein Bayern-Trikot als Extrapräsent zu überreichen. Ein Geschäft, von dem beide Seiten profitieren. Denn auch der globale Fußball-Boom öffnet Türen. Die Marke FC Bayern verspricht für die Außenwirkung großer Unternehmen einen Kick an Emotionalität und Popularität. Nur in Metropolen wie Hamburg oder Berlin wäre es möglich gewesen, dem FC Bayern einen langfristig konkurrenzfähigen nationalen Rivalen entgegenzustellen. Doch weil der HSV und Hertha BSC dafür nie gut genug geführt waren, blieben als echte Konkurrenten der Bayern nur wechselnde Klubs aus Regionen, die nicht die wirtschaftlichen Rahmenbedingungen für einen Weltklub bieten, etwa in Bremen oder nun in Dortmund.

Obwohl die Dortmunder die Bayern mit dem Double 2012 ärgerten (und damit zum Triple 2013 trieben), erkannte Borussia-Chef Hans-Joachim Watzke, dass man im Ruhrgebiet finanziell auf Jahrzehnte hinaus nicht mit dem Rivalen aus dem reichen München mithalten wird. Bei einem Essen in Schuhbecks »Südtiroler Stuben«, dem Restaurant des FC-Bayern-Kochs am Münchner Platzl, folgerte Watzke: »In Jahren, in denen der FC Bayern funktioniert, spielen alle anderen nur um Platz zwei.« Dreht man den Satz um, drückt er auf perfekte Weise das Münchner Selbstverständnis aus – im Fußball und nicht nur dort: Wo wir mitspielen, geht es nur um Platz eins.

Katrin Wilkens

SIE LEBEN WIE GEDRUCKT

Die Kunstfigur Baby Schimmerlos aus Helmut Dietls Fernsehserie »Kir Royal« war nur zu real. Nirgends ist die Nachbarschaft zwischen Medienwelt und wirklichem Leben so hauteng wie in der Münchner Klatschpresse.

Sie wollen München kennenlernen? Legen Sie den Baedecker beiseite und lesen die *Bunte*. Ja, die, die Sie sonst höchstens beim Zahnarzt durchblättern. Die *Bunte* ist kein Schund, sondern die perfekt inszenierte Metamorphose einer Stadt in ein Magazin. Die *Bunte* liefert ein Spiegelbild der in die Jahre gekommenen Kir-Royal-Gesellschaft, München hat dazu die perfekte Leserschicht.

Gegen Kurzzeitdepressionen, so steht es zum Beispiel in dem Blatt, helfen ultimativ »limettengrüne Stühle« von Hülsta. Nur die. Keine anderen. Auch Federschmuck am Ohr ist derzeit ein In-Faktor. Und so wichtige Leute wie Elle MacPherson und Sienna Miller tragen Totenkopfmuster auf ihren Kleidern. Nicht zu verwechseln mit dem Piraten-Look des letzten Sommers.

Keinem anderen Medium gelingt es spielerischer, auf 125 Seiten ein City-Image derart konturgenau abzubilden. Und das Tollste an den Münchnern ist: Die halten sich alle an diese Bummelanten-Bibel. Gehen Sie mal die Maximilianstraße auf und ab. Dort trägt Frau von Welt (zumindest aber Uschi Glas, Jutta Speidel oder Barbara Herzsprung) die *Bunte* unterm Arm und die Feder am Ohr, wenn sie zu Hülsta geht und sich nach den frech-grünen Frühlingsstühlen für 515 Euro erkundigt.

»Eitelkeit wird in München humorvoller und zugleich ernsthafter betrieben. Das ist der ideale Nährboden für ein Konzept wie das der *Bunten,* sagt deren Chefredakteurin Patricia Riekel, die diesen Städtevorteil auch gleich noch für *Instyle* (ein Magazin für Promimoden-Nachmacherinnen) und *Amica* (das Jung-hipp-frech-Heft) nutzt. »Nehmen Sie doch als Beispiel den Mooshammer. Den hat keiner ernst genommen. Aber jeder hat ihn geliebt.«

Münchner Medien. Das hört sich erst mal nach Drittgeborenen an. Ist die Medienmetropole Deutschlands nicht Hamburg, mit dem *Spiegel,* der *Zeit* und *Bild,* ist Berlin mit seinen über 10 000 Hauptstadtjournalisten nicht zehnmal wichtiger, irgendwie ernst zu nehmender, souveräner? Wer denkt schon an München, wenn er von Medienmacht spricht?

Aber: Wer hat bundesweit mit am meisten Tageszeitungen, nämlich gleich fünf? München. Die *Süddeutsche Zeitung,* der *Münchner Merkur,* die *tz,* die *az* und die *Bild-Regionalausgabe.* Wer hat über 280 Verlage und mehr Fernsehsender als Köln, Hamburg und Berlin? Eben! Bayerischer Rundfunk, BR-Alpha, ZDF-Landesstudio, Pro Sieben, Kabel 1, Premiere, Deutsches Sportfernsehen DSF, tv.münchen, Eurosport, Discovery Channel, das Vierte, Tele 5. Siehste! Natürlich sind unter denen auch Kanäle wie RTL 2, Fox Kids oder Neun Live. Aber die Münchner Film- und TV-Produktionen machten fast ein Viertel des in Deutschland erwirtschafteten Produktionsumsatzes aus.

»Das Besondere an den Münchner Medien ist, dass sie sehr spitz konzipiert wurden«, sagt *Eltern*-Herausgeber Norbert Hinze. Und erklärt: Hamburg habe viele Allrounder-Medien, die irgendwie fast jeden ansprechen, den *Spiegel* für die Politik, die *Zeit* fürs Feuilleton, *Brigitte* als Frauenzeitschrift. Die Medien aber, die in München produziert werden, hätten eine engere, schärfer umrissene Zielgruppe. Der typische *Focus*-Leser sei viel leichter zu beschreiben als der typische *Spiegel*-Abonnent. Hinzes Chefredakteurin Marie-Luise Lewicki sitzt daneben, rührt ihren Kräutertee kalt und erläutert: »Doris Schröder-Köpf hat einst über drei Ecken bei uns anfragen lassen, ob sie nicht eine Kolumne für *Eltern* schreiben könne«, sagt sie. *Eltern* ist Europas größte Erziehungszeitschrift, eine Kolumne der Ex-Bundeskanzlergattin würde Autorin und Blatt adeln. Denkt der Zeitschriftenlaie. »Wir haben abgelehnt«, sagt Lewicki ruhig, »Wir sind nun mal nicht die *Bunte*, Promis verwässern unser Konzept.«

Die meisten der gut 385 000 *Eltern*-Leser sind eben nicht hippe Großstadtneurotiker, sondern biedere Landfamilien, und die suchen keinen In-Faktor.

München hat viele Medien, die eine Millionenauflage haben – und das paradoxerweise häufig unter Halbausschluss der Journalisten-Öffentlichkeit. Das *ADAC-Magazin* hat eine Auflage von fast 14 Millionen, die *Bild* würde sich für so was die Finger blutig lecken. Aber mal ehrlich: Haben Sie schon mal jemanden sagen gehört: »Du, hast du das neulich im *ADAC-Magazin* gelesen?«

Die Computer-Presse ist in München ebenso ansässig wie die wichtigsten Medien der Modeszene: *Madame, Elle, Vogue* und all die kosmopolitischen Frauenpostillen.

Themenkonferenz bei *Cosmopolitan*, der »Sex-and-the-City«-Postille: unattraktives Hochhausgebäude, 7. Stock. Schwarz-weiße Männertorsi hängen in Postkartengröße an den Archivschränken, die Redakteurinnen tragen pinke Rollkragenpulli, grüne Kunstlederröcke oder Fellimitatschuhe. Gern a bisserl extravagant. »Edith, auf meinem Schreibtisch liegt das Layout mit lauter nackten Männern«, sagt Petra Gessulat, die Chefredakteurin. Edith stiefelt los, nackte Männer holen. »Wichtig ist, dass eine Geschichte einen Newswert hat und man gleichzeitig etwas daraus für sein Leben lernen kann«, ermahnt derweil Gessulat die Redakteursrunde. Und wenn man sich die Titelbilder der letzten *Cosmopolitan* anschaut, dann ist der redaktionsinterne Learning-Aspekt: Dekolleté, nackte Arme, Beine, lange Haare, Lächeln. Alle Titelbilder, die Rot, Pink, Lila, Flieder oder Türkis auf dem Titel haben, verkaufen sich gut, Braun oder Schwarz werden Ladenhüter. So einfach ist Blattmachen!

»Unglaublich, hier in München machen die Leute gern mal zwei Stunden Mittagspause und werden doch, ohne zu nörgeln, mit ihrer Arbeit fertig«, sagt Gessulat, die vorher auch schon in Hamburg und Berlin als Journalistin arbeitete. »Der größte Unterschied zwischen München und anderen Medienstädten ist für mich: München macht zufrieden.«

»Die Münchner Lebensart und Lustigkeit findet man in fast allen Magazinen wieder«, sagt Michael Graeter, Vorbild des Journalisten in der 80er-Jahre-Serie »Kir Royal«, »die Münchner sprechen sich nicht selbst hoch wie die Hamburger. Sie leben.« Sprach's und orderte einen doppelten Espresso. Und wenn schon, dann gleich im »Königshof«, himmelblaue Pagen, Goldrandtassen.

Und dann gibt es noch eine Münchner Eigenart, auf die uns Paul Sahner, erfolgreichster Society-Reporter der Republik (natürlich bei *Bunte*), aufmerksam machte: In München gibt es eine Pärchengemeinschaft, die jedes Eheanbahnungsinstitut erblassen ließe: Münchens erster (Burda-)Journalist, Helmut Markwort, ist mit *Bunte-Instyle-Amica*-Riekel liiert. Und beider oberster Chef, der Verleger Dr. Hubert Burda, ist mit Dr. Maria Furtwängler verheiratet, ihres Zeichens TV-Kommissarin, Ärztin und Große-Roben-Trägerin.

Premiere-Chef Georg Kofler lebt mit Neun-Live-Chefin Christiane zu Salm zusammen und *Eltern*-Herausgeber Hinze mit der Chefredakteurin Lewicki. Herr Stefan Gessulat ist Chef von *Matador* (Bauer Verlagsgruppe), Frau Gessulat von *Cosmopolitan* (Marquard Medien), die beiden leben getrennt, aber Frau Gessulat ist jetzt mit Wolfram Winter, dem ehemaligen Partner von Sabrina Staubitz, liiert, die mit dem jetzigen Chefredakteur der *Zeit* (früher *Süddeutsche Zeitung*, dann *Tagesspiegel*, jetzt, huch, *Zeit*, Hamburg) Giovanni di Lorenzo abgelichtet wurde. »Der Zeitgeist ist in München lässiger als anderswo«, sagt Sahner, »es ist die Lebensart, die die Menschen verbindet.« Und wer sich auf dieses leichte Spiel der Münchner Medien einlässt, kann aus ihnen viel lernen: Lebensfreude, Sinnlichkeit, Pracht ohne Prassen. Wichtig ist nur, dabei nie den Learning-Aspekt der News zu vergessen.

Hannes Burger

WIE KATHOLISCH IST MÜNCHEN?

Kirchliches und Geselliges liegen in München ganz eng beieinander. Fest ist Fest. Was der Ur-Bayer Hannes Burger als »Barock-Katholizismus« bezeichnet, ist täglicher Gottesdienst in Form von Farbenpracht, Volksfest und einer Sinnlichkeit, mit der sich's bestens aushalten lässt.

Bayern wird seit jeher oft von auswärts spöttisch als »Deutschlands schwärzester Erdteil« und München als »Hauptstadt der Grüß-Gott-Bewegung« apostrophiert. Aber die Frage, wie katholisch Bayern und wie katholisch München wirklich sind, kann man nicht so einfach beantworten – und schon gar nicht mit dem Anspruch der absoluten Richtigkeit. Erstens wird jeder »katholisch« um einige Nuancen anders definieren, und zweitens ist gerade in Bayern der Begriff des »Katholisch-Seins« mehr als anderswo eher mit persönlichem Erleben als mit theologischer Erklärung zu erfassen. Deshalb, und nicht weil sich der Autor selbst für das verbindliche Maß eines katholischen Münchners hält, werden hier manchmal persönliche Erfahrungen mit theoretischen Überlegungen gemischt.

»Die Frömmigkeit der Bayern wurde oft gerühmt«, schreibt Hugo Schnell in seinem Kunst-Bildband »Bayerische Frömmigkeit«, »ihre bäuerliche Struktur, ihre Naturverbundenheit, ihre geringe Neigung zum Zwiespältigen und

Problematischen und ihre Glaubenskraft schaffen einen geeigneten Boden für die Entfaltung der Pflege der Frömmigkeit.« Die zahllosen Loblieder auf die frommen Bayern betonen aber meist nur einen besonderen Aspekt der Katholizität, den der barocken Volksfrömmigkeit, der dann gern von Besuchern Bayerns verallgemeinert wird und ihnen auch oft nur wenig mit dem christlichen Alltagsleben in Einklang zu stehen scheint.

Wenn es nicht gerade darum geht, Zweifel anderer an unserer rechten katholischen Gesinnung zu widerlegen, dann läuft es uns Bayern von heute fast kalt den Rücken hinunter, wenn die Zeugnisse bayerischer Frömmigkeit allzu salbungsvoll gepriesen werden – wie es etwa der Weilheimer Stadtpfarrer Christoph Selhamer 1701 in einer seiner Predigten für das Bauernvolk getan hat: »O wohl ein heiliges Land ist unser liebes Bayernland! Man schau, wohin man woll, wird man allenthalben schöne Fußstapfen finden der uraltcatholischen Andacht! Alle Orte stecken voller Kirchen, Gotteshäuser, Klöster und Capellen, Bruder-Häuser und Spitäler. Wieviel heilige Leut sind in unserem lieben Bayrland geboren worden, wieviel Heilige darin gestorben! Wieviel wundertätige Kirchfahrten seinem Heiligen Blut, seiner hochheiligen Hosty zu Ehren, seiner werten Mutter zu Lob, seinem heiligen Kreuz zulieb, seinen lieben Heiligen zu Lob durch ganz Bayern aufgericht, ist fast unbeschreiblich.«

Für sich und die Seinen hört wohl kein Bayer gern so große Worte über sein »heiliges Land«, weil er darin immer den peinlichen Vergleich mit seiner eigenen Unvollkommenheit beschworen sieht und die vorwurfsvolle Mahnung spürt, doch auch etwas mehr für seine Heiligkeit zu tun. Nur als Hilfsmittel zur Selbstverteidigung gegenüber Fremden würde er sich so ein Zitat gern gefallen lassen und dann triumphierend sagen: »Siehgst, so samma!«

Muß sich ein katholischer Bayer überhaupt für seine

Rechtgläubigkeit ausweisen? Was den nichtbayerischen Protestanten, Sozialisten oder Liberalen bei ihrem Bild vom tiefschwarzen Bayern meist unvorstellbar erscheint: Man hat es gerade als Münchner nicht immer leicht, gegenüber weiten Teilen des übrigen deutschen Katholizismus als rechtgläubig zu bestehen und als wirklich »echt katholisch« anerkannt zu werden. Das ist nicht erst seit dem II. Vatikanischen Konzil so, als Julius Kardinal Döpfner in der Deutschen Bischofskonferenz häufig mehr oder weniger beteuern mußte, daß er auch noch katholisch sei. Und das nur, weil er im liberaleren München den Rückzug von den nachkonziliaren Reformen zur frömmelnden Reaktion nicht so leicht amtskirchlich durchdrücken konnte und wollte wie etwa seine Kollegen im rheinischen oder westfälischen Katholizismus.

Ein klassisches Beispiel dafür, wie in anderen Kirchenprovinzen das katholische Bayern schon immer als stark verweltlichtes »Missionsland« eingestuft wurde, hat bereits Ludwig Thoma in seiner Geschichte »Der westfälische Glaubensbote« köstlich beschrieben. In das altbayerische Bernau im Chiemgau war nämlich ein junger Priester namens Heinrich Wilmans aus der Nähe von Münster als Hilfsgeistlicher zum Ortspfarrer gekommen.

Über das seelsorgerische Wirken des »Kooperators aus dem Westfälischen« berichtet Thoma mit einer Ironie, aus der man genau herauslesen kann, wie katholisch ein Bayer nicht sein will: »Er war nämlich ein Glaubenszeuge oder Märtyrer, indem ihn der Minister Falk mit mehreren seinesgleichen aus dem Königreich Preußen vertrieben hatte. So kam er von einem Glorienschein umgeben in unseren stillen Markt und prangte fürs erste in Tugend und Glaubensstärke. Es fehlte ja auch zu Bernau nicht an Betschwestern, die ihr Katholisches schärfer haben wollten wie andere Menschen und die es nicht genug loben konnten, wie der preußische Held ins Zeug ging ... und die christliche Kost pfefferte. Es gab jetzt Leute, die scharf auslugten, ob auch die Nachbarn dem Herrn dienten, und alle Tugenden wurden mit einemmal recht öffentlich durch die Gassen getragen und den Nebenmenschen vor die Nase gesetzt. Und je mehr Heilige aus dem Volk entstanden, desto größer wurde auf der anderen Seite die Schar der Verlorenen, für die man inbrünstig beten mußte. Herr Pfarrer Hefter sah betrübt auf diese Wandlung. Wie seine Pfarrkinder jetzt die Ohren hängen ließen und nach der Vollkommenheit strebten, wollte ihm gar nicht gefallen.«

Die Geschichte über den Versuch, in Oberbayern einen unbayerischen Katholizismus einzuführen, endet, wie nicht anders zu erwarten, tragikomisch. Bernau erhielt ein neues Kriegerdenkmal: einen bronzenen Engel, dem das Obergewand so knapp war, daß ein Teil des linken Busens unverhüllt blieb. In der Nacht vor der Enthüllung dieses für einen westfälischen Missionar nicht zumutbaren sittenlosen Engels wird der Kooperator erwischt, wie er mit einer Feile den bronzenen Busen absägt. Der Denkmals-Engel bekam davon ein Loch in der Brust und der prüde Kooperator eine so kräftige Tracht Prügel, daß er sich gern versetzen ließ.

Dieses Beispiel sollte auf keinen Fall zwei Irrtümer aufkommen lassen: erstens, daß es so viel Intoleranz und Prüderie nur noch zu einer Zeit gegeben habe, als Ludwig Thoma noch ein Lateinschüler war; zweitens, daß fanatisch polemisierende Savonarolas immer nur von auswärts nach Bayern gekommen seien.

Man kann es sich zum Beispiel heute kaum mehr vorstellen, obwohl es noch keine zwanzig Jahre her ist: In den sechziger Jahren erhielt der katholische bayerische Schriftsteller Georg Lohmeier auf Betreiben des Münchner Ordinariats und einiger von Amts wegen entrüsteter Berufskatholiken aus der »Katholischen Aktion« zwei Jahre lang eine Art »Berufsverbot« beim Bayerischen Fernsehen. Welche Sakrilegien und Häresien hatte er gegen Kirche und Glauben verbrochen? Er hatte sich in einer Faschingssendung fünf Minuten lang etwas anzüglich über die Auswahlkriterien von Pfarrersköchinnen lustig gemacht (für die er später auch noch den Titel »Zölibatesse« erfand).

Aber das typisch Bayerische an dieser lächerlichen Affäre kommt noch: Zuerst warf Prälat Freiberger, der damalige Chefredakteur der *Münchner Katholischen Kirchenzeitung*, den ihm übersandten, mit Schaum vor dem Mund geschriebenen Kommentar eines Mitarbeiters der »Katholischen Aktion« in den Papierkorb und sagte nur kopfschüttelnd zu mir: »Die gehn gleich wieder mit schweren Säbeln auf den Lohmeier los. Geh, Burger, schreiben S' mir eine Glosse und spitzen S' ihn an. Aber mit leichtem Florett, damit er's überlebt!« Danach hat ein anderer altbayerischer Prälat, Alois Scharl, der damalige Seelsorger des Katholischen Landvolks, Georg Lohmeier mit Aufträgen zum Stückeschreiben versorgt, damit der arme Märtyrer die fernsehlose Strafzeit überstand.

Mitte der siebziger Jahre spielte sich ein weiteres Drama ab, das nach der spöttischen Feder eines Ludwig Thoma geradezu schrie: In den Münchner Kammerspielen wurde ein kirchenkritisches Stück, »Der Balkon« von Jean Genet, gespielt, das von der Kritik ziemlich verrissen wurde und wegen mangelnden Zuschauerinteresses beinahe vorzeitig wieder hätte abgesetzt werden müssen. Beinahe! Wenn nicht ein Häuflein intransigenter Kulturkämpfer aus dem Münchner Katholikenrat in einer ebenso humor- wie maßlosen Polemik dagegen Sturm gelaufen wäre! Jetzt erst strömten nämlich Neugierige ins Theater, und natürlich wurden die Kammerspiele von den Medien gegen die Bevormundung durch religiöse Eiferer in Schutz genommen.

Diese zwei Beispiele – es gäbe noch mehr – zeigen, daß es zu allen Zeiten auch in München selbst moralingesäuerte

Ultra-Orthodoxe gegeben hat, die in blindem und unheiligem Eifer gegen den »gottlosen Zeitgeist« und die Unmoral anrannten wie Don Quijote gegen die für gefährliche Riesen gehaltenen Windmühlen. In beiden Fällen aber zeigte sich auch etwas Typisches für den Münchner Katholizismus: Für derartigen Rigorismus war nie eine breite Unterstützung bei der Mehrheit der Gläubigen zu finden.

Der traurige Kern der komischen Geschichten ist, daß sich auch heute noch oft tolerante und liberale Münchner Katholiken wegen ihrer mangelhaft herausgestellten Vollkommenheit als »Minderbrüder« in Bayern selbst und erst recht im übrigen deutschen Katholizismus vorkommen müssen. Katholische Jugendführer - zuletzt Barbara Engel beim Papstbesuch -, katholische Studentenvertreter und Verbandsfunktionäre - einschließlich der Seelsorger - standen auf Bundesebene häufig unter Beweiszwang für ihre Rechtgläubigkeit: wegen der angeblich recht laxen und schon leicht säkularisierten Katholizität in München, wo Frömmigkeit und Lebenslust kein Gegensatz zu sein scheinen.

In der Tat ist der Bayer zwar in seiner Religiosität durchaus zu einer tiefen Innerlichkeit und einer starken Geistigkeit fähig, doch liegt ihm auch im Religiösen das Herz nicht so leicht auf der Zunge. Gerade der Altbayer ist sehr verschlossen, wenn es um verbale Bekundung von religiösen Empfindungen geht - ähnlich wie er auch über die Liebe und erotische Gefühle nicht gern redet. Das Innenleben ist für andere und erst recht für die Öffentlichkeit tabu, frommes Reden erscheint einem Bayern als plappernde Frömmelei von Betschwestern. Darum sind Altbayern, und speziell Männer, auch nur zäh und mühsam zu einem religiösen Gespräch und zum kirchlichen Gesang zu bewegen. Der sangesfrohe Unterfranke Döpfner war nicht der einzige, der sich bei der Propagierung des Volksgesangs während der Liturgiereform an dieser Mentalität fast die Zähne ausgebissen hat. »Ja mei«, hat dem enttäuschten Bischof einmal ein Pfarrer achselzuckend erklärt, »bei uns in Altbayern singen halt nur die Kinder und die Besoffenen freiwillig.«

Die Tatsache, daß die Münchner wie alle Altbayern über religiöse Dinge wenig reden und noch weniger singen, heißt freilich nicht, daß sie nicht gern auch religiöse Gefühle und fromme Stimmungen ausdrücken möchten. Dies tun sie aber lieber optisch als verbal – in einer sinnenhaften Neigung zu festlichem Gepränge.

Die im bayerischen Barock-Katholizismus so oft apostrophierte Sinnenlust betrifft freilich nicht nur die Freude an Farbenpracht und festlicher Musik, sondern auch kulinarische und erotische Freuden – letztere natürlich meist unbewußt und daher entrüstet bestritten. Fast zu jedem Fest des Kirchenjahres gab es feste Entsprechungen im Küchenjahr – vom Dreikönigskuchen und dem Josefi-Guglhupf über die Fastenspeisen, die heute noch als Schmankerl begehrt sind, bis zu Kirta-Nudeln, der Martini-Gans, dem Weihnachtsstollen und der Mettensau.

Gerade das mit dem katholischen Kirchenjahr verbundene kulinarische Brauchtum ließ sich leichter als alles andere in angepaßter Weise vom Land mit in die Stadt übernehmen und setzte sich tiefer fest, als man glauben möchte. Die frischgeschlachtete Mettensau vom Bauernhof schrumpfte freilich in München auf Weißwürste nach der Christmette. Man soll nicht unterschätzen, welch enge Verbindung zwischen dem religiösen und dem kulinarischen Festgefühl in Bayern bestand und zum Teil noch besteht. Mir ist noch gut in Erinnerung, wie oft in Diskussionen über die nachkonziliare Liturgiereform das Argument vorgebracht wurde, der höhere Sinngehalt und kultische Wert einer liturgischen Osternachtsfeier werde gar nicht bestritten, aber eine mit bombastischer Musik umrahmte Auferstehungsfeier am späten Karsamstag-Nachmittag mit anschließendem Oster-

Schinken- und -Eieressen sei halt doch irgendwie menschlich viel schöner gewesen. »Ohne des Festgefühl is für mi kein Ostern net«, wurde häufig argumentiert.

Nur wenige werden bestreiten, daß die große Beliebtheit der Maiandachten – niemand in Bayern sagt »Marienandachten« – nicht so sehr auf durchgeistigte Mariologie zurückzuführen ist. Die starke Anziehungskraft der Maiandachten gerade auf junge Leute beruht wohl eher auf dem christlich-heidnischen Gemisch von Weihrauch und Fliederduft, von Jungfräulichkeitskult und Frühlingserwachen, aus religiöser Romantik und erotischer Gefühlsaufwallung. Selbst die konservativsten Eltern in Bayern hatten meist Verständnis dafür, daß das gegenseitige Heimbegleiten und Verabschieden vor den Haustüren bei jungen Leuten nach einer Maiandacht erheblich länger dauert als nach einer gewöhnlichen Abendmesse.

Nach Hugo Schnell werden in der bayerischen Frömmigkeit zwei Grundkräfte sichtbar: der Geist und der Eros. »Ihre Verbundenheit«, schreibt er, »ihr Kampf, ihre Abstoßung und ihre gegenseitige Befruchtung sind für sie charakteristisch. Der altbayerische Stamm zeichnet sich durch Vitalität, Aufgeschlossenheit für das Sinnen- und Bildhafte aus.« Von den zwei christlichen Grundhaltungen, »entweder durch Askese die Wurzeln in der irdischen Welt zu lockern und sich von ihr abzusondern oder aber durch ein Leben in Gnade Grundanlagen und Grundkräfte zu verwandeln«, habe der Bayer im allgemeinen die letztere gewählt, denn »eine lebensverbundene Frömmigkeit« entspreche seiner Lebensauffassung: »Es ist durch alle Jahrhunderte – trotz aller Schwankungen – das Bestreben vorhanden, die Frömmigkeit mit dem Leben in Einklang zu bringen. Das Potential des Eros wurde miteingesetzt, so daß die Frömmigkeit lebenswahr und durchblutet wurde.«

Freilich war nicht nur in der Barockzeit, sondern auch lange danach in Bayern der Geist oft zu schwach und das kräftig durchblutete Fleisch zu willig. Mit anderen Worten: Der Eros gewann zeitweise die Oberhand in einer Volksfrömmigkeit, die in ihrer derben Lebenslust weniger an individueller Glaubensüberzeugung orientiert war, sondern an kollektivem religiösen Brauchtum. Bei der Feier kirchlicher Feste ersetzte dann einfach die Einbindung in die Gemeinschaft der Gleichgesinnten jede theoretische Begründung für einen Glaubensakt, und die Grenzen zwischen Kirche und Wirtshaus verschwanden ebenso wie die zwischen Wallfahrt und Schützenfest. Ob Weihnachten, Ostern oder Pfingsten, ob Taufe, Hochzeit oder Begräbnis: Das religiöse Brauchtum mit seinen vielen sinnlichen Genüssen überwucherte oft den religiösen Kult und ließ aus der katholischen Religion mehr und mehr eine bayerisch-barocke Weltanschauung ohne theologisches Fundament werden.

Diese Verwirrung von Kirchen- und Volksfesten hatte allerdings eine weitreichende Folge: Solange das äußere Fest-Brimborium das gleiche blieb, konnte sich eine Säkularisierung der Festtage unbewußt, unreflektiert und großteils vom Volk sogar unbemerkt vollziehen. Das begann zunächst damit, daß es die Wittelsbacher gut verstanden, das katholisch-barocke Kirchenjahr mit einem bayerisch-patriotischen Königskult zu mischen, was später wiederum das Unterschieben vaterländisch-deutschnationaler Festmotive erleichterte.

Schließlich – ob Kirchen-Patrozinium, König-Ludwigs-Fest oder Sedan-Feier – das gleiche Festzeremoniell für den Aufmarsch von Fahnenabordnungen und Musikkapellen, Jugend- und Trachtengruppen, Schützen- und Veteranenvereinen, mit kirchlicher Verbrämung durch diverse Weihen oder Festgottesdienste und anschließendem Volksfest im Bierzelt ermöglichte den nahtlosen Übergang vom religiösen zum säkularen Kult nach dem Motto: Fest ist Fest!

Dies alles hat - obwohl sicher etwas vereinfacht - durchaus auch mit dem Katholizismus der Münchner zu tun, denn München ist ja erst in diesem Jahrhundert wirklich zur Großstadt geworden. Die Kirche von München, im Sinne einer Ortskirche mit pfarrlich und überpfarrlich strukturierter Großstadtseelsorge, gibt es ja noch nicht lange. Zuvor bestand München aus mehreren ineinander übergehenden Dörfern, und jedes dieser Stadtviertel-Dörfer hatte drei oder vier aneinandergrenzende Pfarreien. Bis auf die große Münchner Fronleichnamsprozession und vielleicht einmal einen größeren Anlaß im Dom hatten doch die verschiedenen katholischen Pfarrdörfer innerhalb Münchens miteinander nicht mehr zu tun als andere Dörfer im Lande auch. Hinzu kam in München, daß die vielen hier in der Seelsorge tätigen Orden den Katholizismus eher zerteilten und benediktinische, jesuitische, franziskanische und andere »Ordensprovinzen« prägten. Jeder Orden hatte eben andere Schwerpunkte und Lehrziele, andere Heilige und besondere Feste. Daneben gab es in München eine große Gemeinde der »Eklektiker«, die sich hier eine konzertierte Messe, dort einen Prediger und anderswo den Beichtvater aussuchten.

Natürlich gab es aber auch wesentliche Unterschiede zu den ländlichen Dorfpfarreien: Die Festlichkeit war zwar noch weitgehend von den Bräuchen des Kirchenjahres bestimmt, wenn auch meist etwas verfeinert und auf höherem kulturellen Niveau. Jedoch das typisch bäuerliche religiöse Brauchtum fiel weg und wurde teilweise durch das der Zünfte und Berufsorganisationen ersetzt. Auch Hochzeiten, Taufen und Begräbnisse wurden zu rein familiären Ereignissen, waren keine Gemeinschaftsfeste mehr. So konnte die Gemeinschaft auch das religiöse Verhalten der einzelnen nicht mehr überblicken, und in der Stadt galt zwar nicht die Konfessionszugehörigkeit, wohl aber die Glaubenspraxis als Privatsache. Die Tatsache, daß sich die CSU voll mit sämtlichen bayerischen Symbolen und Emblemen und mit dem traditionellen Festkult identifiziert hat, ist ein stärkerer Grund für ihren Erfolg vor allem in den streng katholischen Landesteilen als etwa christliche Theorien in ihrem Parteiprogramm. Da weiß auch kaum mehr jemand, wo der Kirchweihtag aufhört und der Parteitag anfängt. Katholisch und konservativ vermischen sich in einer undefinierbaren Dunstwolke von Heimatgefühl und Nestwärme. »Die Partei, die das schöne Bayern erfunden hat« (Buchtitel) hat mehr den Eros bayerisch-katholischer Sinnenfreude angesprochen als den Geist programmatischer Weltgestaltung nach christlichen Prinzipien. Solange die königlich-bayerischen Sozialdemokraten in der Nachkriegszeit die Münchner Bürger mit komplizierten Theorie-Diskussionen verschonten und statt dessen mit dem Anzapf-König Wimmer Damerl und dem großen Imperator des Münchenkultes Hans-Jochen Vogel fest in der säkularisierten Tradition des emotionalen und liberalen Münchner Bürger-Katholizismus standen, waren sie auch als »Rote« nicht suspekt. Eine reale Wahlchance haben die Münchner Sozialdemokraten wahrscheinlich erst wieder, wenn die Münchner Bürger den Eindruck haben: »De hamma inzwischen aa katholisch gmacht.«

Tinka Dippel

NEUE TÖNE AUS DEM WIRTSHAUS

Früher war Volksmusik eine Musik, die vom Volk gespielt wurde. Ihre bayrische Variante wurde im Fernsehen zum Musikantenstadl verunglimpft. Jetzt hat eine junge Generation den Spaß an handgemachter Volksmusik neu entdeckt. Tinka Dippel hat sie genau da gefunden, wo auch früher schon die Blasmusik spielte und die Dirndl sich im Tanz drehten.

Es mag überraschen, was an diesem Montagabend oben im Bräustüberl des Hofbräuhauses vor sich geht. Da kommt man zwischen den Holztischen kaum noch durch vor lauter Harfen, Trompeten, Kontrabassen, Gitarren und Akkordeons, da liegen neben Obatzda und Brezen und Messern Stimmgabeln auf den Brotzeit-Brettln. Da spielt nicht eine Kapelle oder eine Band – da weiß man gar nicht mehr, wo die eine Band aufhört und die nächste anfängt. Und welche Musik hier eigentlich gespielt wird.

Überall im Raum sitzen, an die Holzvertäfelung gelehnt, Musiker, stimmen ein oder hören zu. Menschen sind das, die, wenn man sie so ansieht, nur die Melodien gemeinsam haben, die sie von sich geben: der Student, dessen Hobbys die »Ziach«, wie sie die Steirische Harmonika hier nennen, und der Trachtenverein sind und der sein halbes Wohnheim mitgebracht hat. Der alte Mann, der nur in Begleitung seiner Gitarre da ist. Die Gruppe »Pamuzinda« aus Harare, Münchens Partnerstadt in Simbabwe, mit Instrumenten, für die hier kaum einer einen Namen weiß. Und mittendrin eine junge Frau, die Hände an den Saiten ihrer Harfe, das Gesicht in Seligkeit versunken.

Sie heißt Franziska Eimer, und sie organisiert diesen Musikantenstammtisch einmal im Monat. Die Musikmanagerin und Harfenistin lädt immer andere Musiker ein, die einen Fundus an Volksliedern mitbringen. Sie bilden den harten Kern: an diesem Abend die »Gerner Zipfeklatscher«, die »Regentag Musi«, die »Oberallgäuer Tanzgeiger« und Mulo Francel und Evelyn Huber von »Quadro Nuevo«. Alle anderen können mitmachen. Franziska Eimer selbst hat ihre Harfe vor wenigen Jahren neu belebt. »Das zwanglose Musizieren am Wirtshaustisch hat mich motiviert, wieder zu spielen«, sagt sie.

Sie hat etwas wiederentdeckt, und da ist sie nicht die Einzige. Alle, die hier sitzen, zeigen ihre Heimatverbundenheit – und das ohne eine Spur von Verdruckstheit oder Scheu. Die einen zeigen sie mit Janker und Hut, andere nur mit ihrer »Ziach« – oder einer Häkelmütze aus Afrika. Das ist nicht wichtig. Was hier zu spüren ist, ist ein lässiger Umgang mit Tradition: frei und offen.

Verwurzelt sein wird immer wichtiger, seit die Globalisierung in großen Städten vieles gleichstutzt. Und wenn es eine Stadt gibt, in der die Wurzeln sichtbar sind, auf den Brotzeit-Brettln, in den Klamotten, in der Musik, im Tanz, in der Sprache – dann ist das München. Die Stadt erdet ihre Weltoffenheit mit vertrauten Bildern, die Zugereiste oft arg klischeehaft finden. Manch einer reibt sich die Augen und fragt sich, ob die das hier ernst meinen. Ob es nicht nur die Älteren sind, die das wirklich noch leben und die Jungen ihre Dirndl und Lederhosen nur zur Wiesn aus dem Schrank holen. Ein Blick ins Hofbräuhaus genügt: Es sind nicht nur die Älteren. Es sind viele junge Münchner, und es werden mehr.

Franziska Eimer pflegt ihre Wurzeln mit den traditionellen Liedern ihrer Kindheit. Sie hat als Mädchen Harfe gelernt – bei »Stofferl« Well von den »Well-Buam«, bei denen auch ihr Vater Franz Harfe spielt. Die »Well-Buam« sind wie die legendäre, inzwischen aufgelöste »Biermösl Blosn« ein Musikprojekt der Großfamilie Well.

»Volksmusik ist wie eine eigene Sprache«, findet Franziska Eimer. Und mit ihrem »Musikantentreff« hält sie es wie mit einer guten Unterhaltung: Er kann ungeahnte Wendungen nehmen. Die Sprache Volksmusik hat viele Dialekte, und bei ihr sind alle willkommen, es spielten schon bis zu 60 Musiker zusammen – aus allen Himmelsrichtungen und Generationen. Irgendwie verstanden sie sich immer, sogar als die Musiker von »Pamuzinda« zum ersten Mal mit ihren riesigen Instrumenten dastanden. Da überwanden die Bayern und die Afrikaner ihre anfängliche Ratlosigkeit, indem sie gemeinsame Harmonien entdeckten.

Um Harmonien geht es auch Rahmée Wetterich – zufälligerweise auch bei ihr zwischen Bayern und Afrika. Die schlanke, hochgewachsene Frau ist geboren in Kamerun als Halb-Kurdin, mit einem Bayern verheiratet und erfolgreiche Dirndl-Macherin. Ihr Laden »Noh Nee« füllt einen Hinterhof-Pavillon an der Türkenstraße. Tradition steckt für sie schon in kleinen Ritualen: »Wenn ich sonntags ein Ei esse, ist das Tradition – alles, was beständig ist und ein gutes Gefühl gibt.« Harmonien hat sie in Mustern gefunden. Ihre Stoffe sind mit farben- und lebensfrohen Drucken überzogen und kommen aus Afrika und Holland, produziert wird in Bayern nach den Schnitten schlichter bayerischer Dirndl.

»Wir schaffen hier eine Verbindung«, sagt sie. »Unsere Kreationen sind Erinnerungen, die zusammenkommen. Keine Mode, sondern Kultur.« Kultur, die ihren Weg auf die

»Oide Wiesn«, die kleine traditionsbewusstere Schwester des Oktoberfestes, gefunden hat: Dort trugen die Kellnerinnen im Traditionszelt schon Schürzen von »Noh Nee« – dunkelblaue afrikanische Hühnchen auf Orange. Die afrikanischen Dirndl gibt es auch im Königshaus der Tracht, bei »Loden Frey«, wo man erst zögerte, dann aber doch Platz für die Farbenpracht machte. Viele Kundinnen wollten etwas Neues. »Wir können aber kaum Neues mehr erfinden, das Neue entsteht vor allem in Vermischungen«, meint Rahmée Wetterich.

Zu solchen Vermischungen kommt es ausgerechnet im Hofbräuhaus, dem bekanntesten Wirtshaus der Welt. Franziska Eimer ist mit ihrem Stammtisch nur ein Teil der Entwicklung dort. An diesem Montagabend sitzt Michael Sperger, der Wirt, mit Freunden dabei, trinkt sein Bier und freut sich, als sich die Gitarren und Rasseln und Stimmen um Franziska Eimer gerade zu »The roof is on fire« zusammentun und singen: »We don't need no water, let the motherfucker burn.«

Michael Sperger und sein Bruder Wolfgang haben schon ihre Teenagerjahre im Hofbräuhaus verbracht, die riesigen Lüster unter der gewölbten Decke im Festsaal waren ihre Schaukeln, die Treppe, die vom ersten Stock in den gemütlichen Hof-Biergarten führt, sind sie mit der Brotkiste runtergerutscht. »Wir sind mit der Tradition groß geworden, die Tradition war immer da«, sagt er. Seine Eltern hatten das Haus 1980 übernommen, damals war das ein schwieriges, für die Kinder auch peinliches Erbe. Für viele Münchner war das Hofbräuhaus ein Nicht-Ort, sie überließen es mehr und mehr den Touristen. Je mehr er über das Haus erfahren habe, desto stolzer sei er geworden, erzählt Michael Sperger. Es ist ein Haus voller Geschichten, und die Spergers möchten beides: dass die Geschichten bewahrt und neue erzählt werden.

Unten im Erdgeschoss, unter den Kreuzgewölben der

Schwemme, wo früher das Bier gebraut wurde, wo die Stammtische ihre Nischen haben und die Stammgäste Schließfächer für ihre persönlichen Steinkrüge, da spielen nur bayerische Volksmusik-Gruppen. »Die Schwemme ist für mich unantastbar. Die Schwemme ist Bayern«, sagt der Wirt. »Ich möchte, dass die Menschen unten reingehen und sagen: Jawoll, das ist Heimat. Hier oben ist dann Platz zum Spielen, hier lassen wir die Mischung zu.« Das Hofbräuhaus ist kein Nicht-Ort mehr, die Münchner laufen ihm wieder zu – und einige haben ihm eben doch die Treue gehalten.

Otto Mittermeier, der alte Herr, der nur in Begleitung seiner Gitarre zwischen den jungen Musikern sitzt, kommt seit einem Vierteljahrhundert in diesen Kosmos. Den »Musikantentreff« hat er zufällig entdeckt, seitdem ist er oft dabei. Es geht auf Mitternacht zu, seine Gitarre hatte kaum Pausen, sein Kopf glüht wie eine Wärmelampe, stolz zeigt er die Hornhaut an seinen Fingern und raunt: »I bin 86 Jahre alt. Aber sagen Sie's niemandem, sonst lassa die mi am End nimmer mitspielen.« Er sei hier schon oft versandet bis um drei in der Früh. »I kann net aufhörn. Die wo net Musi spielen, versäuma des halbe Leben.«

Je länger man hier sitzt, desto stärker wird das Gefühl, dass das stimmt. Desto mehr fällt der Staub vom Ambiente, desto mehr kommt die Volksmusik einem wie eine verbindende Sprache vor, eine, die Türen öffnet. Desto weniger altbacken wirken die Hüte und Dirndl und Lederhosen, die auch hier beim »Musikantentreff« dabei sind, desto weniger zwangstraditionell wirkt auch das Hofbräuhaus. Man möchte gerne mit einstimmen.

An einem anderen Abend im Erkerzimmer des Hofbräuhauses macht man automatisch mit, da lehnt man an der Tür, und schon ist man mittendrin in einer tanzenden Menge, wird mitbewegt zur Live-Blasmusik über das Holzparkett. In der Mitte steht eine junge Frau, hochgestecktes Haar, klassisches Dirndl, abgeblätterter pinkfarbener Nagellack, und ruft ins Mikrofon, wo es langgeht, grob ist die Richtung immer »boarisch Tanzen«. Alle drehen sich, bilden ein Spalier, tanzen unter den Armen der anderen hindurch. Kinder sind dabei, fesch herausgeputzt, ältere Herrschaften in Tracht, Männer im Anzug, Frauen im Kostüm, andere in Jeans und T-Shirt. »Tanzboden« heißt der Abend, und die Frau ist Tanzmeisterin Katharina Mayer, vielen Münchnern bekannt vom traditionellen »Kocherlball«.

Das Tanzen je gelernt zu haben, daran kann sie sich nicht erinnern. »Das war wie zweisprachig aufwachsen.« Ihr Vater Wolfgang Mayer ist Volksmusikforscher, wie Franziska Eimer ist sie groß geworden mit der Volkskultur. Beiden Frauen ist irgendwann klargeworden, was für ein Geschenk sie da mitbekommen haben - ein lebendiges Geschenk. »Wenn es erstarrt, stirbt's irgendwann«, meint Katharina Mayer. »Man muss dieses Geschenk ins Leben integrieren und alles daneben stehen lassen«. Der »Tanzboden« ist kein Kurs, eher eine Aufforderung zum Mitmachen.

»Wir haben die Volkskultur von der Bühne geholt, auf die sie in den letzten Jahrzehnten geraten war, und sie den Leuten zurückgegeben«, sagt Eva Becher, eine gestandene Frau von 60 Jahren, die im Raum nebenan vor einem Bier sitzt und zufrieden auf das bunte, teils chaotische Treiben blickt. Sie arbeitet seit 2000 im Kulturreferat der Stadt München und kümmert sich dort um die Volkskultur. Auch ihr Vater, ein Historiker, ist eng mit der Volksmusik verbunden, auch sie hat das Geschenk. Und auch sie findet, dass man es nur lebendig halten kann, indem man es öffnet. Aus Richtung der klassischen Vereine sei erst viel Gegenwind gekommen, meint Eva Becher. »Das war mir aber wurscht, wichtig ist, dass die Leut das Tanzen wieder lernen. Ich wünsche mir, dass sich jeder Mensch aus der Tradition das aussucht, was ihm Spaß macht.« Franziska Eimer holt viel Neues dazu,

Rahmée Wetterich verbindet aus zwei Kulturen, die für sie Heimat sind, Michael Sperger hat Platz, um die Traditionalisten und alles, was von außen kommt, unter einem Dach zu vereinen, für Katharina Mayer ist die Hauptsache, dass die Wurzeln lebendig bleiben.

Mitternacht beim »Musikantentreff«, auf den Brotzeit-Brettln kleben noch Reste vom Obatzda. Ein Bolivianer kommt herein, stellt sich mit seiner Gitarre hin und schlägt ein melancholisches »Bésame mucho« an, nach und nach stimmen die »Gerner Zipfeklatscher« und ein paar der Studenten ein. Das ist wieder so ein Moment, in dem sich die Harmonien treffen. Auch »Pamuzinda« und ihre riesigen Instrumente sind noch dabei. Der Gitarrist von »Regentag Musi« hat sein Instrument für einen Moment zur Seite gelegt. »Ich glaube, die Alpenländler können sich besser auf andere Volkskulturen einlassen«, sagt er dann. »Weil sie ihre eigene pflegen.« Dann zitiert er Gustav Mahler: »Tradition ist die Weitergabe des Feuers, nicht die Anbetung der Asche.« Nimmt seine Gitarre auf die Knie und spielt wieder mit.

Die Musik hat noch mal Tempo aufgenommen, beim Zwiefachen »Aber d'Ochsn treib I net aus« singt das ganze Bräustüberl. Otto Mittermeier zupft weiter auf seinen Saiten, seit nunmehr gut vier Stunden.

Albert Ostermaier

SPERRSTUNDE

gesichter quellen über die
schweren holztische auf denen
haxen & schweinsköpfe mit
sonnenstich in ihrem dunklen
saft schmoren der an den
händen klebt wenn sie sich
festhalten im suff & zusehen
wie die bodendielen das bier
auflecken die kellnerinnen die
tonkrüge fest an ihre halb
nackten brüste drücken sich
mit einem schwung in den
hüften über die blicke der
männer beugen die starr auf
den schaum schauen bevor
sie ihn nach dem ersten langen
schluck von den handrücken
wischen die augen nur glas die
pupillen weiss vom bier das in
den höhlen schwappt die krone
der schöpfung hier sitzt sie auf
den lippen die anatomie des
glücks lungen leber nieren
milz von ihrem körper befreit &
einer gibt den löffel für den
nächsten ab wenn sie nicht
nach manna schreien & die

schwarzen engel mit ihrem
rauhen lächeln den umwölkten
himmlisch kommen bis sie
bedient sind & die kreuze auf
dem bierfilz sie unter die
bank drücken in seligen
schlaf

Albert Ostermaier

VIKTUALIENMARKT

nichts was es hier nicht
gibt junggemüse grüne
spargel aus albanien die
sich in der toilette hinter
der freibank stechen lassen
pferdemetzger die mit
schlachterhänden über
ihre verschwitzten mähnen
streichen fussballfans die
weisswürste lutschen &
zu allem ihren senf geben
lederschwule die valentin
rosen in die arme betten
ein politiker der sich mit
einem zugelaufenen dackel
photographieren lässt den
exotenmüller bei dem die
einheimischen über das
preussenpack schimpfen
gelbe rüben die keiner als
karotten frisst marktweiber
die ihre melonen auf die
waagschalen legen käsige
gesichter unter einem
himmel in bavarian blue
vor einer nordsee die keine
ebbe kennt nur fischköpfe

die als bierleichen unter den
tischen liegen & im heilig
geist stüberl katholisch
werden doch die ratten
interessiert das nicht sie
nagen in den verliesen
unter dem markt an den
rosinen & lassen sich ihre
lederhosen von keinem
mehr ausziehen

Albert Ostermaier

MÜNCHNER CHIC & POLITIK

selbst der rote eisner ging vor
helmut langs heissem laden in
die knie als sie ihn wie das so
mode war ohne zu fragen dort
erschossen haben jetzt müssen
die bürger wehrhaft mit ihren
einkaufstüten über ihn steigen
wollen sie sich bei loden-frey
neu kleiden & ledern danach
trachten staat zu machen mit
dem gauweiler peter z. b. der
beleidigt auf seine blut- &
leberwurst starrt & ausharrt
sein haupt nicht aus der stadt
bewegt da keiner sich sonst
erregt über die penner am
dallmayr so ein jammer nur
der moshammer ist noch
ein echter bayer der kommt
nie ohne hund nein hier treibt
mans einfach nicht zu bunt
münchen bleibt schwarz &
seis nur von escada selbst die
grünen tragen heute prada
ach nichts ist wie es mal war

wird sich der münchner
im himmel denken & mit
einem tiefem seufzer sich ein
weissbier *light* einschenken

Sigi Sommer

BEI DEN ALKOHOL-RIESEN UND BIER-TISCHFAKIREN

An alle schreibmaschinendeutschen Brüder aus Fallingbostel und Treuenbrietzen: Der Sigi Sommer, stadtbekannt als Blasius, der Spaziergänger, ist der Philosoph der bayrischen Mund- und Denkungsart. Die Impulse zu seinen Gedankenflügen empfing er in »Vollbierstützpunkten«. Hier schreibt er über die Welt der Biertische.

München war wohl schon immer eine Stadt der Käuze, der Schelme, der sanften Spinner, der spaßigen Originale und der Kreuzundquerdenker, angeführt von dem virginierschlanken Karl Valentin. Und im Hintergrund assistierte diesem komischen Fragezeichen der nudeldicke Weiß Ferdl mit dem frotzelnden Kommentar zum Leben der Münchner: »D' Leit hamm a rechte Freid, weil's bei uns soweit feid – aba d' Leit wissen an rechtn Dreeg – so weit feit's bei uns ned.«

Am liebsten besuchen unsere schreibmaschinendeutschen Brüder aus Fallingbostel oder Treuenbrietzen deshalb immer noch die bayerischen Volksfeste, wo die Mannsbilder Gemsenpinsel auf den schiefen Hüten und kiloschwere Uhrketten aus den Gebissen der Marder und Wildsauen tragen. Und natürlich besuchen sie auch die feuchten Katakomben des Abendlandes, die hierzulande auch Bierkeller heißen. Der Chronist darf dazu in aller Bescheidenheit noch feststellen, daß diese zementierten Maßkrugmutterschiffe keineswegs immer in irgendeinem finsteren Stollen etabliert sein müssen. Denn Münchens berühmtester Bierkeller zum Beispiel ist gewiß der Salvatorkeller. Der aber wurde genau 570 Meter hoch auf dem Nockherberg angesiedelt.

Fragt nun ein des Weges unkundiger Fremder nach so einem Keller, so kann er leicht folgende Auskunft erhalten: »Oiso, Herr Nachbar, do brauchas blos direkt oiwei grodaus geh, und nacharg viertel Stund san's dann im Löwenbräu-Keller. Und da hörn ses dann scho brüllen.« – »Was?« fragt darauf der Stadtunkundige womöglich zurück. »Die Löwen?« Und dann kriegt er noch schnell eine Zusatz-Erklärung geliefert: »Na na, de Bsuffan natürlich.« Aber hat der Ortsfremde dann schließlich das Ziel seines Verlangens glücklich erreicht, trifft er vielleicht gleich am Eingang zum Bräu einen älteren Bierdimpfl mit einem kleinen Buben, welcher von der Kellnerin soeben eine volle frische Maß serviert bekommt. Und meint der Fremdling dann erstaunt und verdutzt: »Aber so ein kleines Kind kann doch nicht so einen vollen Liter Bier alleine trinken?«, dann winkt vielleicht der Herr Papa lässig ab und erwidert gelassen: »Geh, wos verschteht denn so a kloans Büberl scho, wia fui a Maß is.«

Nun gibt es in der Hauptstadt des Durstes auch noch ein paar alte Lokale, die dürfen mit behördlicher Genehmigung schon von fünf Uhr früh an die Durstigen tränken, die Hungrigen speisen und die Besoffenen hinausschmeißen. Zu diesen Vollbierstützpunkten wackeln und rudern besonders in der Faschingszeit alle diejenigen, welche Angst haben, ihr Rausch könne vergehen und der Kater kommen, sowie müde Kellner, enttäuschte Heimbegleiter und sonstige Zukurzgekommene. Aber auch vornehme Gäste sind dort anzutreffen, die ihr Bier mit dem Strohhalm trinken und trotzdem die von den Münchner Metzgerburschen in schweißtreibender Handarbeit hergestellten Weißwürst' mit ihren berühmten Lippen berühren müssen. Je nach Feuchtigkeitsgehalt der Bierherzen scheiden sich auch im Frühlokal schon die Gemüter. Die stillen Zecher bestellen sich bei der Musik den Bierdimpfl-Samba »Oh, Susanna«, drükken ihre Maßkrüge mit beiden Händen zärtlich an die Brust und schauen nur manchmal besorgt nach dem Banzen, ob das Bier für sie auch bestimmt noch g'langt. Gegen sieben Uhr früh tauchen sie eine Brezen in ihre Starkbierurnen, ein alter Witz fällt ihnen ein, und lautlos vor sich hinlachend, einen Brezenbrocken im Mund, schlummern sie schließlich friedlich auf ihren Unterarmen ein. Mit einem Hinaufziehen des Hosenbundes und einem schrägen Blick auf die an der Küchentür hängende Vollgummisalami reagiert der Ordnungsmann auf den Einzug der Alkoholriesen. Dies sind jene, die nach jedem Schluck Bier stärker, reicher und schöner werden. Sie teilen schon im Geiste jede Menge Nasenzwanzgerl und Hirnbatzl aus, stellen sich wollüstig vor, wie sie das Gewürm der anderen Gäste mit einem einzigen Streich vernichten könnten, und hauen sich auf der Toilette probeweise die Knöchel an den Personenwaagen wund.

Dann sind hier die Biertischfakire zu sehen. Sie beginnen ihre anfangs unentgeltlichen Vorführungen mit dem Wegschnellen und Auffangen der auf den Tischen liegenden Bierfilze. Dann kippen sie halbaufgerauchte Zigaretten mit der Glut voraus mittels einer Zungenbewegung in den Mund und rauchen aus den Ohren. Schließlich versuchen sie zu wetten: »Wos guit's, daß i des Hoibekriagl zambeiß, oda mecht'n S' liaba, daß i den Asch'nbecha leerfriß?« Endlich sind fast immer noch anwesend: das Mädchen Johanna, das schon etwas pflastermüde ist, hastig nach einem »Onkel« Umschau hält und leise vor sich hin summt: »Ich will deine Kameradin sein.« Ferner ein junger Mann mit Mittelscheitel, starkem Liebeskummer und dauerndem Brechreiz; ein alter Junggeselle, der unter dem Tisch aus seinen Schuhen schlüpft, seine durchlöcherten Socken an den Zehen umschlägt und nach dieser gelungenen Patentreparatur der kugelrunden Kellnerin vor Freude die Hand küßt. Es fehlt auch nicht die Wurz'n mit dem Gewaltrausch, umschmeichelt von einigen »Spätlesefräuleins«, heimgesucht von den Zigaretten-, Brezen- und Luftballonverkäufern. In einer Ecke mit Rückendeckung sitzt der Übersättigte, sodbrennend, mit einer Gesichtsfarbe: violett wie Buttermilch mit Preiselbeeren. Sie alle haben im Frühlokal ihren Platz und irgendwie auch eine gewisse Daseinsberechtigung. Nur der Nüchterne sollte nicht dorthin gehen, denn er paßt sowenig unter die Zecher wie Steckerleis unter die Hochzeitsbettdecke.

Joseph von Westphalen

GEGEN-DARSTELLUNG

Der Autor Joseph von Westphalen hat es satt, zu erleben, wie die Augen auswärtiger Besucher zu glänzen beginnen, wenn sie nur den Namen »München« hören. Und deshalb erzählt er von der Münchner Neigung zum Filz, auch in der Politik, von der Arroganz des Geldes, von der Herrschaft der Spießer, Reaktionäre und Philister. Das ist kein Granteln: Hier haut einer so richtig klatschend auf die Suppe!

Es ist alles nicht wahr. Alles Erfindung, Einbildung. Alles nachgeplappert - irgendwelcher Tourismusliteratur, den schwärmerischen Vorworten übergroßer Bildbände, den Tips handlicher Stadtrundgangsbroschüren, den Behauptungen gedankenloser Reiseleiter. Das werden wir unseren Gästen sagen. Es sind alte Freunde, lange nicht gesehen, er Jurist, sie Lehrerin. Sie leben in Braunschweig, München kennen sie nur von der Durchreise, diesmal wollen sie zwei Tage Station machen. Sie erhofften von uns eine Stadtführung, wie sie am Telefon sagten. Wir mögen die beiden, vor einer Stadtbesichtigung aber graust es uns. In unserer Not haben wir uns mit einem schmalen Buch über Münchens Sehenswürdigkeiten versorgt. Im Grußwort des Fremdenverkehrsbüros wird dort dem Reisenden das Schlagwort vom »sanften Tourismus« mit auf den Weg gegeben. Mit leisem Stöhnen räumen wir das Arbeitszimmer auf und schleppen zwei Matratzen hinein. Es sei nett, aber nicht nötig, daß sie bei uns übernachten könnten, hatten Jutta und Thomas gesagt, sie nagten nicht am Hungertuch, wir sollten ihnen ein angenehmes Hotel besorgen. Uns fällt aber keines ein. Die Schmuddeligkeit der kleinen Hotels in der Bahnhofsgegend ist ohne Charme und die Sauberkeit irgendeiner mehr am Stadtrand gelegenen Pension von erdrückender Spießigkeit. Wir entschließen uns, zuvorkommende Gastgeber zu sein, den Freunden ein paar Ecken von München zu zeigen. Jutta möchte gerne mal die Maximilianstraße sehen; gut, wir werden sie auf Münchens angeblich vornehmste Einkaufsstraße führen. Alles nicht wahr, werden wir sagen, alles Legende. Die »tollen« Läden - eine reine Katastrophe. Wir leben seit Jahrzehnten in dieser Stadt und sind verdammt gut ausgekommen, ohne jemals auch nur irgendeines dieser Geschäfte betreten zu haben, und zwar nicht, weil die so fürchterlich fein und teuer wären, sondern weil das, was sie verkaufen, für meinen Geschmack ausgesprochen scheußlich ist. Hier oder um die Ecke bekommt man auch Kleidung mit bayerischem Trachteneinschlag. Mit dem grünen Kragen am grauen Jackett sucht der aus Köln zugezogene Verlagschef seine frische Sympathie zu Bayern kundzutun, wie auch unsere Kuhfladenminister ihre Heimatverbundenheit mit solchen Anzügen unterstreichen möchten. So schlimm können wir es nicht finden, werden Jutta und Thomas vermutlich sagen und auf einen ungeheuer schlichten Lodenmantel deuten. Schwer verständlich für sie, daß man als Bewohner Münchens am Loden leiden kann, weil man das Zeug unentwegt sieht. Loden wird vom Supermarkt-Filialleiter aufwärts bis zu den Beamten der Münchner Bau-, Finanz- und Sozialbehörde getragen. Und natürlich von Touristen. Mit Loden drückt man seine Verbundenheit mit Bayern aus, das grüne Stück Filz ist ein Bekenntnis zu Bayerns Land und Leuten. Wir werden von unseren Freunden natürlich zu hören bekommen, dies sei eine maßlos verstiegene Theorie, so könne man ihnen München, Bayern und Lodenmäntel nicht madig machen; sie empfänden die Atmosphäre der Stadt als heiter und gelöst, als nicht so verbissen und ernst wie im Norden.

Jetzt bloß keine Diskussion über den ach so steifen Norddeutschen und den ach so offenherzigen Bayern, denken wir und deuten auf das Maximilianeum, den Sitz des Bayerischen Landtags. Dort wird bayerische Politik gemacht. Die Paradestücke werden natürlich nicht dort ausgeheckt, sondern in der CSU-Parteizentrale, in der Staatskanzlei und an den rustikalen Biertischen CSU-ergebener Lokale. Unser Besucherpaar will von Politik nichts wissen, nicht im Urlaub, bitte! Da drüben, das sei doch die Oper! Beneidenswert, in einer Stadt mit einem solchen Opernhaus zu leben, in dem weltberühmte Stars gastieren. Wir sagen, was alle sagen, die das Gefühl haben, zuwenig in die Oper, ins Theater und Konzert zu gehen: daß es keine Karten gäbe und wir außerdem nicht bereit seien, uns wegen irgendeines Tenors eine Nacht an der Vorverkaufskasse um die Ohren zu schlagen.

Nein, wir möchten doch noch einmal auf die Politik zu sprechen kommen. Wir weisen auf Filz und Korruption hin. Aber das gäbe es doch auch in Niedersachsen, Hamburg und Berlin. Wir beharren auf der Münchner Besonderheit: Sie habe mit dem Unterschied von reaktionär und konservativ zu tun, sagen wir. Es gibt bekanntlich Variationen politischen Sumpfs, jede Partei hat ihren eigenen und ihre eigene Art, damit umzugehen. Hier in München geschieht alles ungenierter. Vielleicht aus dem Bewußtsein der Mehrheit, der Macht?

Ach, liebe Freunde, was für eine Frage! Hört her: Zwölf Monate lang, 66 Mal, wurde ein immer wieder auf den neuesten Stand gebrachtes Revue-Theaterstück gespielt und besonders von jenen Leuten beklatscht, die mit ihren skandalösen Machenschaften darin vorkamen. Das ist der Unterschied zwischen den Verhältnissen in München und anderen Landeshauptstädten, zum Beispiel Stuttgart, Hannover, Kiel oder Berlin, wo den Korrupten die Korruptheit immerhin peinlich ist. Bayerns Reaktionäre aber amüsieren sich selbst dann über die Gemeinheiten, wenn sie sie öffentlich präsentiert bekommen. Vielleicht ist es so, sagen wir, daß sich der Bayer besonders gern im Dreck suhlt und dabei fröhlich grunzt, während man sich in Hamburg verlegen die angetrockneten Schlammspritzer wegbürstet. Und vielleicht macht ebendieses Verhalten den Bayern in den Augen der übrigen Republik zum exotischen Urvieh.

Jetzt holen unsere Freunde aus dem Norden aber Luft und wollen auch etwas sagen. Doch wir sind gerade so schön in Fahrt und bitten sie um Geduld, weil wir jetzt nämlich unsere Theorie des Reaktionären entfalten wollen. München ist Gott sei Dank nicht mehr die »Hauptstadt der Bewegung«, aber immer noch die Hauptstadt der Reaktion. Wer verstehen will, was reaktionäres Denken ist, muß nach München kommen: Hier kann er regelrechte Feldforschung betreiben, den reaktionären Charakter studieren, der in Bayern extrem stark vertreten ist. Durch seine Unverschämtheit wirkt der reaktionäre Politiker auf viele konturenreich und rauh, manchmal sogar herzerfrischend. All diese Eigenschaften haben Franz Josef Strauß so beliebt gemacht, und nach diesem Rezept verfahren seine Zöglinge: Jede ihrer Unverschämtheiten trägt zu ihrem Profil bei. Moment, Moment, sagen unsere Gäste, München werde ja fast schon traditionell von einem SPD-Oberbürgermeister regiert ... Dessen ehrenvolle Hauptaufgabe darin besteht, unterbrechen wir den Einwand, das erste Oktoberfest-Bierfaß anzuzapfen, woraufhin die gesamte Münchner Lokalpresse diesen Vorgang urschreiartig verkündet. Wie heißt das noch mal auf bayrisch, wollen jetzt unsere Freunde wissen. Wir aber weigern uns, den Schlachtruf der Biersäufer und Oktoberfest-Touristen im Original zu zitieren. Er ist uns zu dumpf, auch können wir es nicht leiden, wenn sich Norddeutsche genüßlich nach bayerischen Spezialausdrücken erkundigen.

Mittlerweise haben wir an einem der wenigen Tische Platz genommen, die das Café-Restaurant Kulisse auf den zu schmalen Bürgersteig der oberen Maximilianstraße gestellt hat. Wir können unseren Gästen nicht, wie ironisch in Aussicht gestellt, einen prominenten Schauspieler zur leibhaftigen Ansicht bieten. Weder Helmut Griem noch Cornelia Froboess, weder Heinz Bennent noch Martin Benrath sind anzutreffen, nur am Nebentisch rätseln zwei Mädchen tuschelnd, ob die alte Dame da hinten nicht die Marianne Hoppe sei ... Aber Jutta und Thomas schauen, nicht unzufrieden, unbekannten Passanten hinterher, während wir uns dafür entschuldigen, daß München nicht Paris sei. Ihr habt Komplexe, sagen die Gäste aus Braunschweig, ist doch ganz schön hier. Das finden wir auch manchmal, aber das stolze Vorzeigen der Stadt können wir nicht leiden. Es ist die elende Selbstverliebtheit dieser Stadt, die uns auf die Nerven geht; keine andere hat sich so mit Prädikaten behängt und behängen lassen: »Heimliche Hauptstadt«, »Weltstadt mit Herz«, »liebenswertes Millionendorf«.

Selbst in dem für Amerikaner geschriebenen Buch »Grüß Gott in Munich« springen dem Leser die deutschen Worte Lebensqualität und Freizeitwert aus dem englischen Text entgegen, als seien das Münchner Spezialitäten. Hier ist man auf Superlative ganz besonders scharf. Münchens Bürger sind nicht nur stolz auf ihre Stadt, sondern laut Umfrage von allen bundesdeutschen Großstädtern am zufriedensten mit ihrer Heimat: 88 Prozent identifizieren sich mit ihr, München liegt damit knapp vor Hamburg, Bremen und Berlin. Zu ihrem Leidwesen ist München nicht die unternehmerfreundlichste Stadt der Bundesrepublik, aber sie hat wenigstens eine Spitzenposition. Und seit dem Niedergang des Kommunismus ist auch hier klar, daß es gut für die Arbeitnehmer ist, wenn es den Arbeitgebern gutgeht. Daß in und um München über zwanzigtausend Menschen in der Rüstungsindustrie beschäftigt sind, davon ist in den Selbstbeweihräucherungslitaneien der Wirtschaft sicherheitshalber nie die Rede. Jeder zweite Bericht über den Kunst- und Antiquitätenhandel, die Modemesse oder den Aufschwung der Elektronikbranche beginnt damit, daß München sich auch in diesem Bereich nicht zu verstecken brauche. Was ist das für ein kleinkarierter Lokalpatriotismus, sagen wir so laut, daß von den anderen Tischen herübergeschaut wird. Gegen sechs, halb sieben schließen die Läden, dann stirbt die Flaniergegend im Zentrum innerhalb einer Stunde aus, und die Fußgängerzone gleicht dem Marktplatz einer kleinen Garnison an einem desolaten Wochenende. Das ist keine Weltstadt! Die lebte bis tief in die Nacht. Es gäbe auch mehr Ausländer in einer Metropole. In München fehlen sie. Eine hellhäutige Stadt braucht viele schöne dunkle Menschen, damit die Weißen nicht hochnäsig werden. Zum Glück haben wir die Griechen, Italiener, Spanier, Jugoslawen, Türken; ohne sie wäre es trostlos. Wenn München tatsächlich so etwas wie einen mediterranen Einschlag hat, dann liegt es weniger an seiner Architektur als an den gottlob reichlich vorhandenen Gastarbeiterlokalen. Wenn es noch einige tausend Schwarze gäbe und ein paar indische Gemischtwarenhändler wie in London, wäre München weniger bleich und leblos. Dann hättet ihr noch mehr Rassismus, und noch mehr Leute würden die Republikaner wählen, sagen Jutta und Thomas. Jedenfalls ist München keine Weltstadt, und ein Herz hat es natürlich auch nicht. Das Komische ist nur: Indem der Legende von der Weltstadt mit Herz ständig widersprochen wird, bleibt sie hartnäckig am Leben. Daß München sein Herz für Schwule, Rollstuhlfahrer, Hundezüchter, Autoverweigerer und andere Minderheiten noch nicht entdeckt habe, ist eine Dauermeldung der Lokalpresse. Damit wird die Herzlichkeit als eine latent vorhandene, nur teilweise noch mangelhafte suggeriert.

Jetzt wollen unsere Besucher tatsächlich das Hofbräuhaus in Augenschein nehmen. Wir wehren ab. Das geht zu weit! Es ist ganz nah, sagt der unerbittliche Thomas, der sich einen Stadtplan besorgt hat, weil er unserer Führung offenbar mißtraut. Bitte laßt uns doch die klischeehafteste Touristenhölle vermeiden, das Hofbräuhaus ist nicht echt münchnerisch. Aber Thomas, dieser aufmerksame Strafverteidiger, sagt einfach: Auch Verfälschung ist ein Bestandteil der Wirklichkeit, und eine Stadt ist immer auch die Summe ihrer Klischees. Wir geleiten die Freunde also reumütig zum Inbegriff japanischer und amerikanischer München-Vision, durchstreifen die berühmte Schwemme, die wir das letzte Mal wohl vor zwanzig Jahren mit Schrecken erlebt haben. Kein einziger schicker Typ ist zu sehen: eine Wohltat. Auch am Raum ist nichts auszusetzen: schönes, hohes Gewölbe, keine Resopaltische, statt dessen zerschlissene Holzplatten; dennoch alles auf wunderbare Weise ungemütlich. Aber die Blaskapelle, die alle naselang den Sauf-Evergreen »Ein Prosit der Gemütlichkeit« anstimmt! Das klingt nicht nur derb und paradox, sondern auch bedrohlich, heimtückisch, aggressiv, erpresserisch. Unsere Gäste sind ganz betört, sie wollen eine Maß Bier trinken, aber wir brüllen ihnen ins Ohr: Ohne uns. Diese Musik könnten wir nicht ertragen. Es ist ein schreckliches Signal, das hier geblasen wird: Mach mit bei unsrer Gemütlichkeit oder hau ab, aber schau nicht so blöd aus der Wäsche, als wenn dir was nicht paßt – sonst erlebst du was. Unsere Gäste lachen. Verfolgungswahn, sagen sie. Wo Bier getrunken werde, da herrsche eben diese Stimmung, das sei in einer Braunschweiger Bierkneipe nicht anders, und das reaktionär zu nennen, hielten sie für völlig verfehlt. Das

Nichtzulassen des Fremdkörpers ist das Reaktionäre, sagen wir unverdrossen. Die Amis und Japaner und viele andere Touristen machen ja irgendwie mit. Das akzeptiert der Reaktionär natürlich; das freut ihn. Aber er schätzt es gar nicht, wenn du nicht mitmachst. Ekelhaft, das Fraternisieren, das verlangt wird. Das ist das Reaktionäre. Ja, das gibt es auch in Braunschweig, aber hier tritt es als Massenphänomen auf. Deshalb Bayerns abscheuliche Wahlergebnisse. Der Wähler fraternisiert sicherheitshalber mit dem furchterregenden Grölen der Politiker.

Warum, fragen Jutta und Thomas, haben so viele Bayern denn nun einen reaktionären Charakter? Ist das genetisch bedingt? Vielleicht Jodmangel? Oder liegt es an der Biersauferei? Wie kommt denn überhaupt so etwas wie die typische Mentalität einer Bevölkerung zustande? Ist es möglicherweise die zwanghafte Erfüllung von Klischees?

Jutta sorgt sich um ihre Kinder und möchte zu Hause anrufen. Wir schlagen das Hotel Vier Jahreszeiten vor. Man zahlt ein paar Groschen mehr, dafür steht man nicht so gehetzt herum wie in der Telefonzelle. Netter Einfall, sagt Thomas, aber das könne man schließlich in jeder größeren Stadt praktizieren, das sei doch wohl eher kindisch als münchnerisch. Doch ein Besuch im Hotel Vier Jahreszeiten ist, wenn auch nur als Telefonkunde, insofern typisch münchnerisch, als hier viel reisende Prominenz absteigt und Prominentengeilheit überhaupt das Typischste an München ist. Das wissen wir vom Salatkaufen. Der Salat wird immer in Zeitungspapier gewickelt, meist in die Seite mit der Klatschspalte. Wenn man Salat kauft, bekommt man einen Überblick, welcher Alt- oder Jungstar, Hocharistokrat oder Aufsichtsratsvorsitzende in welchem Hotel Münchens abgestiegen ist. Das scheint viele Münchner zu interessieren. Jutta und Thomas halten schon wieder dagegen, das sei in Köln und Hamburg nicht anders. Klatschkolumnen gäbe es in jeder größeren Stadt. Wir bezweifeln das. Paris, London und Berlin sind viel zu groß und viel zu chaotisch. Da interessiert sich doch keiner für die Ankunft irgendeines trotteligen Fürsten oder Champagner-Generalvertreters. Der Münchner Zeitungsleser will aber offenbar wissen, wer sich gerade in dieser seiner Stadt aufhält und wer in welchem Lokal mit wem alles was zu feiern hatte. Dann gibt es diese wunderbaren Blitzlichtfotos: Fernsehfiguren und Agenturinhaber, Makler, Baulöwen und Vorstadtpolitiker, vielleicht sogar mal ein Minister oder Polizeipräsident. Münchens Schickeria unterscheidet sich von der Schickeria Hamburgs oder Kölns spürbar: Sie ist kreischender, ungehemmter, küßt sich mehr ab, vor allem vor Fotografen. Ihre Mitwirkenden verhalten sich exaltierter, ordinärer als ihre nordwestdeutschen Standesgenossen. Sie essen die Buffets schneller leer, und sie schmeißen sich noch unverblümter an Leute, von denen sie Vorteile erwarten. Ihre Klamotten sollen billiger und schriller als anderswo, aber natürlich nicht so zerlumpt sein wie in Berlin. Das ganze nennt sich dann Münchner Lebensfreude und ist leider weit entfernt von irgendwelcher Verworfenheit.

Richtig erregt haben wir uns über dieses affige Volk. Unsere Freunde fragen verwundert, was uns denn so in Rage gebracht habe. Wir würden doch hoffentlich nicht in diesen Kreisen verkehren. Nein. Aber es läßt sich nicht vermeiden, versehentlich mit Absprengseln solcher Schickeriagruppen in Berührung zu kommen. In Hamburg und Berlin haben ganz normale Kneipen länger offen als in München, wo spätestens um ein Uhr die letzten Gäste vertrieben werden. Denen bleibt dann nur die Flucht in die wenigen Bars, vor deren Eingängen sich um diese Zeit Trauben von Schicken und Schönen drängeln.

Zum Schluß fassen wir den teuflischen Plan, mit unseren Gästen den nun wirklich unsanftesten Münchner Touristentrip zu unternehmen und zum Hasenbergl hinauszufahren, in ein Vorstadtarbeiterviertel ohne jede falsche Proletarierromantik: die Schule voller Problemkinder und zwanzig Prozent der Stimmen für die Republikaner bei der Europawahl 1989. So muß der U-, S- oder straßenbahnfahrende Bürger im Norden Münchens im Schnitt mit einem Dutzend Republikanerwählern pro Wagen rechnen. Also laßt uns eine Kneipe aufsuchen, wo Arbeitslose ohne Schulabschluß ihr Außenseitertum damit zum Ausdruck bringen, daß sie nicht die gewöhnliche Halbe Bier trinken, sondern ein Pils. Aus der Musikbox tönt Deutsches von Heino, es ist aber auch der Bayerische Defiliermarsch dabei, der wirklich sehr schön ist. Und laßt uns einen der Pilstrinker auf gut Glück fragen, aus welchem Grund er die Republikaner gewählt hat. Unsere Freunde protestieren. Das finden sie zu bizarr. Aber das Bizarre gehört auch zur Münchner Wirklichkeit. Nein, sie wollen lieber bummeln gehen. Arme Jutta, armer Thomas, sagen wir. Morgen sollen sie auf eigene Faust losgehen. Wir wollen ihnen nicht alles verderben. Aber jetzt möchten wir sie erst einmal zum Essen einladen. Wohin? Was typisch Münchnerisches? Das wäre: *keine* Torggelstubn, Zirbelstubn, Weinstubn! Aber wenn Ihr wollt? Nein, sie wollen nicht. Wir landen bei einem x-beliebigen Italiener und verkünden nach dem zweiten Chianti, das beste an München sei seine Nähe zu Italien. Das ist auch so ein Gerede, sagen die beiden Braunschweiger streng. Wir verzichten also darauf, den geplanten Vortrag über das unsichtbare München, den Gegensatz von Arm und Reich, zu halten: 31 000 Sozialhilfeempfänger, und mehr als doppelt so viele sind vermutlich zu scheu oder unbeholfen, einen Antrag zu stellen. Auf achtzigtausend wird die Zahl derer geschätzt, die berechtigt wären, eine Unterstützung zu beziehen. Das wären sechs Prozent der Bevölkerung. Es gibt auch Rechnungen, welche die überhöhten Mieten zugrunde legen, wonach mehr als zwanzig Prozent der Einwohner eine Unterstützung bräuchten. Die Besserverdienenden sind immer weniger bereit, hohe Mieten zu zahlen, und kaufen sich Eigenheime in den Vororten. Dadurch gehen der Stadt Steuern verloren, die sie für Sozialzwecke benötigte. Diese Entwicklung führt dazu, daß es immer mehr Reiche in München gibt, deren schillerndes Treiben unübersehbar ist, während die Armut sich immer besser versteckt. Wir bestellen noch einen Wein, und die Rätselhaftigkeit dieser Stadt wird immer klarer. Die Schickeria steht in irgendwelchen In-Lokalen herum und interessiert sich für nichts als die Temperatur des Prosecco und die Zartheit des Carpaccio, während der Normalmünchner schon ein halbes Jahr vor dem Oktoberfest nichts als den Preis der diesjährigen Maß im Kopf hat. Wenn es dann soweit ist, kennt die Presse nur eine einzige wichtige Information: wieviel hunderttausend Liter von diesem Gesöff auf der Wiesn geschluckt werden. Der bayerische Schriftsteller Ludwig Thoma (nicht mehr ganz so beliebt, seit publik wurde, daß der Autor der »Lausbubengeschichten« wild antisemitische Kommentare geschrieben hat) mag als Erzreaktionär der schlimmsten Sorte einen Spürsinn für seine Gesinnungsgenossen gehabt haben; vielleicht ist seine Beschreibung der bayerischen Mentalität aus dem Jahr 1921 so falsch nicht: »Der Wille des bayerischen Volkes ist unzweifelhaft, unbestreitbar in ungeheurer Majorität dargelegt antisozialistisch.«

Morgen werden wir unseren Gästen erst einmal eine Sightseeing-Route ausarbeiten, die sie für den heutigen Tag entschädigt.

MÜNCHEN GESTERN

Geschichten aus der Geschichte

Erich Kuby

SEHR PRIVATE ZEITGESCHICHTE

Als Kind hatte der Autor Erich Kuby auf dem Odeonsplatz erlebt, wie die Münchner den Beginn des Ersten Weltkriegs bejubelten. Viel später hatte jemand auf einem Foto mitten in der Menschenmasse das Gesicht des Bösen erkannt. Und der Schüler und spätere Soldat erlebte mit, wie es sich ausbreitete und wie München zur »Hauptstadt der Bewegung« wurde.

Um den Odeonsplatz, das zweite Zentrum der Innenstadt nach dem Marienplatz, kreisen frühe Erinnerungen, aber sie beginnen nicht dort. Sie beginnen im bayerischen Oberland, und es wäre ein Irrtum, anzunehmen, sie hätten deshalb nichts mit München zu tun. Die Münchner haben nämlich die traumschöne Landschaft zwischen den südlichen Vororten und dem Gebirge schon mitbewohnt, als es noch nicht so bequem war, die Landsitze zu erreichen, wie heute auf der Autobahn oder mit den leisen elektrischen Zügen des »Verbundverkehrs«.

Schon im frühen 19. Jahrhundert schwärmten die Maler aus und brachten auf ihren Leinwänden in Öl herdenweise Almkühe, Scharen von Hirten, Chiemseefischern und Jägern samt Beute mit in die Stadt. Über die vielbeachteten jährlichen Kunstausstellungen fanden sie ihren Weg in die hauptstädtischen Wohnungen des wohlhabenden und kunstsinnigen Bürgertums. Die häufig virtuos gemalten Werke der Landschaftsmaler, ihre Motive meist identifizierbar wiedergebend, werden heute, soweit sie nicht von Museen erworben wurden, sündhaft teuer gehandelt, denn noch immer hängt der Münchner an oberbayerischer Natur, die er hängen kann. Meine Großeltern gehörten auch zu jenen Städtern, die sich im Sommer in Landbewohner verwandelten. Das Ferienhaus der Familie lag in Ambach am Ostufer des Starnberger Sees. Dort steht es unverändert, aber eine verrückte Tante, die es von den Großeltern als Erbteil bekam, hat es verkauft. Sommernächte, kleine Feuerwerke neben dem Bootshaus – das waren die Kindheitsferien.

Ich war kein Stadtkind. Unser Hof, auf dem ich im Ersten Weltkrieg aufgewachsen bin, liegt zwischen Huglfing und Peißenberg, bei den sieben Zwergen hinter den sieben Bergen. Aus gleich früher Zeit hat die Erinnerung auch optische Leitfossilien des Lebens aufbewahrt, und damit sind wir am Odeonsplatz. *Da sitzt hinter spiegelndem Glas einer weiß ausgeschlagenen Galakutsche ein alter Herr mit Bart. Eine städtische Tante, eine andere, nicht die verrückte aus Ambach, hebt mich ein wenig empor, damit ich besser sehen kann, wer da vorbeifährt nahe seiner Residenz, und sagt: Das ist der König!* Es war jener, der sich dann im November 1918 auf Nimmerwiedersehen davonmachen mußte, Ludwig III.

Sein Vorgänger Luitpold hat den Märchenkönig absetzen und verhaften lassen. »Vorn geht der Prinzregent mit der Kerzen in die Händ'«, nämlich bei der Fronleichnamsprozession – das Gstanzl war lang, und ich konnte es einmal auswendig. Der rot-goldene Raddampfer, mit dem wir von Starnberg nach Ambach fuhren, hieß nach ihm. Und auch das geschah damals zu seinen Ehren, und ich war dabei: *In einer Menschenmenge, bedrängt, sehe ich vor und über mir ein riesiges, stoffverhülltes Etwas, plötzlich fällt die Hülle herab, die Musik spielt, die Leute schreien hurra, da steht es, das Denkmal, der Prinzregent auf einem Roß vor dem Nationalmuseum.* Dort reitet er noch immer. Später führte mein Schulweg, mein Oberrealschulweg in die Luitpoldschule, an dem gegossenen Namenspatron vorbei, aber da war er schon heftig historisch geworden, und alles war anders.

Der Odeonsplatz lieferte mir an sonntäglichen Vormittagen zudem ansehnliche Versatzstücke meines musikalischen Fundus. *Von der Isar kommend, wo ich bei der netten Tante häufig wohne, quer durch den Hofgarten oder auch in ihm entlang unter den Arkaden (vorbei an den inzwischen ins Residenzmuseum gewanderten großartigen Rottmann-Fresken italienischer und griechischer Landschaften, die ich liebe und schließlich »auswendig kenne«) gehen wir zur Standmusik.*

In meiner Erinnerung strahlt immer der blaue Himmel auf die gelbe Theatinerkirche herab; die blauen Straßenbahnen dürfen ihres Lärmens wegen nicht fahren, solange eine Blaskapelle in Uniformen, unter dem Mittelbogen der Feldherrnhalle postiert, dröhnend sogenannte Potpourris aus beliebten Opern zum besten gibt. So lerne ich Wagner kennen, nicht gerade den Tristan, aber die Schlager aus Tannhäuser und Lohengrin. Herausgeputztes Bürgertum promeniert zwischen den hohen Masten, von denen golddurchwirkte Fahnen lang und schmal herabhängen, mit immensen Quasten am aufgespaltenen Ende, und den zwei verschlafenen Löwen auf dem Treppenpodest.

Seit mehr als einem Jahrhundert haben die Löwen nur die Ludwigstraße und in einem Kilometer Entfernung das Siegestor vor sich. Einmal habe ich im Herzensüberschwang geschrieben, diese Aufreihung kasernenhafter öffentlicher Bauten der Herren Klenze und Gärtner, die sich den Anweisungen Ludwig I. fügen mußten, sei die schönste Straße der Welt. Das würde mir nicht mehr in den Sinn kommen –

daß aber München nach den mit Olympiade-Zuschüssen bezahlten Verbesserungen mehr denn je eine der schönsten Städte Europas ist, glaube ich noch immer.

Zwischen den laschen Löwen der Feldherrnhalle muß auch der Fotograf gestanden haben, der am Tage des Ausbruchs des Ersten Weltkriegs die fanatisierte Menge aufgenommen hat, die auf dem Odeonsplatz ihrer Begeisterung Ausdruck gab, daß endlich, endlich wieder etwas los war und sie mithelfen durfte, Europa zusammenzuschlagen. Unter den jubelnden Münchnern wurde auf der Fotografie später jener Verbrecher entdeckt, unter dessen Herrschaft nicht nur sie sich ein Jahrtausend lang wohl gefühlt haben. Sie aber waren seine frühesten Anhänger, und nicht von ungefähr leuchtete München auch im Dritten Reich als die Hauptstadt der Bewegung.

Ich machte des »Führers« Bekanntschaft früh, weil wiederum eine Tante, weder die nette noch die verrückte, sondern die nationalistische, mich, den Dreizehnjährigen, zu seinen Versammlungen in den Circus Krone mitnahm zwecks patriotischer Belehrung.

Bald darauf, im November 1923, machte er seinen Putsch, der dort, wo die Residenzstraße in den Odeonsplatz einmündet, unter einer Gewehrsalve zusammenbrach. *In diesem Jahr haben wir den großen Einödhof schon nicht mehr. Der aus dem Krieg heimgekehrte Vater betreibt eine erheblich kleinere Landwirtschaft in einem münchennahen Kreisstädtchen, und weil er zu jenen gehört, die sich nicht mit dem Umsturz von 1918 abfinden wollen, ist er nebenbei oder vielleicht auch hauptsächlich damit beschäftigt, eine Heimwehr aufzubauen. Hitler lehnt er gleichwohl ab, vermutlich aus einer Art Klassenhochmut. Doch als auch »seine« Männer für den Putsch alarmiert werden, sagt er: Endlich!*

Von der blutigen Walstatt beim Odeonsplatz flüchtet der »Führer« zu Freunden an den Staffelsee, wird dort verhaftet und zunächst ins Bezirksamt ebenjenes Städtchens verbracht, in dem wir nun leben und in dem mein Vater in vaterländischen Kreisen zu einem gewissen Ansehen gekommen ist. Vom Amtsvorsteher gebeten, an der Gegenüberstellung mit dem Hochverräter teilzunehmen, nimmt mich mein Vater mit, vermutlich, damit ich Zeitgeschichte aus erster Hand erfahre. So sehe ich den Bankrotteur in einem kahlen Büro sitzen, bleich und stumm – ihn, den ich bis dahin nur als Idol einer kochenden Masse erlebt habe. Es war in der Tat eine lebenslang nachwirkende Belehrung.

Nun, Hitler erholte sich von dem Debakel des mißlungenen Putsches in München wieder wie der Fisch im Wasser, und als ich dann Student war, gingen seine Anhänger in der Universität dazu über, ihnen mißliebige Professoren, vor allem natürlich jüdische, zu terrorisieren, unter ihnen vor allem den Staatsrechtler Hans Nawiasky, der nach 1945 an der bayerischen Verfassung maßgebend mitarbeitete.

Ihm und anderen Bedrohten zum Schutz ziehen wir einen »Ordnungsdienst« auf, an schmalen Armbinden kenntlich, können aber doch nicht verhindern, daß die Polizei in den Lichthof eindringen und blankziehen muß, um den Krawallen ein Ende zu machen – (es war meines Wissens das erste Auftreten von Polizisten in einer deutschen Universität im 20. Jahrhundert). *Wir schlagen uns mit den NS-Kommilitonen also in demselben Lichthof, in den 1943 Sophie Scholl die Flugblätter der »Weißen Rose« hinabgeworfen hat.*

Ich bin Mitglied des »Akapol« (Akademisch politischer Club), in dem ich meine erste und bis etwa 1950 auch einzige öffentliche Rede halte, über und gegen die Rolle des Nationalsozialismus in der Universität. Die politische Orientierung des Clubs, dessen Sekretariat sich in den »Vierjahreszeiten« befindet, ist liberal; zu den sogenannten »Großen Abenden« werden bekannte Politiker eingeladen. Im Jahre 1932 wird auch Hitler gebeten, er läßt uns aber auf einer Postkarte mit-

teilen, der Führer spräche nur auf Massenversammlungen. (Das stimmte nun freilich nicht, er sprach auch vor illustren Gremien der Hochfinanz und Industrie, aber er wußte natürlich, daß er beim »Akapol« vergleichbare Hilfe oder überhaupt irgendeine Unterstützung nicht gefunden hätte.)

Mit Hitlers Machtübernahme verlasse ich die Universität, bleibe aber in München und habe ein Zimmerchen bei der Witwe des Direktors der Schlösser-Verwaltung, und das heißt: Es liegt in einem der Trakte der Residenz. Um dorthin zu gelangen, muß ich das Tor gegenüber jener Seitenwand der Feldherrnhalle benützen, an der Hitler eine Tafel mit den Namen der »Blutzeugen« vom November 1923 hat anbringen lassen. Sie wird Tag und Nacht von zwei SS-Posten bewacht, und jeder Passant hat dieses »Mahnmal« mit erhobenem Arm zu grüßen. Wer dazu nicht geneigt ist, so ich, benützt die Querverbindung zur Theatinerstraße hinter dem Preysing-Palais, deshalb Drückebergergäßchen genannt. Unbelästigt kann ich »mein« Tor erreichen, das unerachtet seiner beträchtlichen Ausmaße mit einem winzigen Schlüssel zu öffnen ist.

Es bildet auch den Zugang zu einer pompösen Wohnung, die der ehemalige Hausknecht vom »Blauen Bock« bezogen hat, er heißt Weber, ein Kerl, so dick wie klein, der zu den ersten Schlagetots Hitlers gehört hat und nun ein fürstliches Leben führt. Nächst Göring, wenn auch nicht ganz so spektakulär, ist er die korrupteste Erscheinung in einem Meer von Korruption. Es trifft sich zuweilen, daß ich dem Betrunkenen zu nächtlicher Stunde vor dem Tor begegne, wenn er aus dem Auto heraustorkelt. Ihm aufschließend und den Vortritt lassend, genieße ich zum andernmal höchst anschaulichen Unterricht in Zeitgeschichte, dem Regime in seiner aufrichtigsten und eben deshalb ordinärsten Realisierung auf Tuchfühlung nahe.

Als dann die Stadt in Trümmer sinkt und ich, Soldat auf

Urlaub, mich auf den Trampelpfaden zwischen den Ruinen nur noch schwer zurechtfinde, jammert es mich Münchens durchaus nicht. Ganz im Gegenteil, ich sage mir: So was kommt von so was, und es tut mir in der Seele wohl, weil ich denke, dies sei nun doch Belehrung allgemeinster, nachdrücklichster Art, ein Anschauungsunterricht, der Selbstprüfung erzwingen wird.

Helmuth Zebhauser

DIE SEIDLEIN IM RADSPIELER-HAUS

München lebt, auch heute noch, von seinem Glanz. Ganze Dynastien von Händlern und Hoflieferanten haben ihn poliert – so auch die Familie des Hofvergolders Joseph Radspieler und seiner Nachfahren. Und besser als jede Chronik erzählt ihre Geschichte von den Sehnsüchten und vom Lebensgefühl einer Stadt, die immer Residenz geblieben ist.

In der Hackenstraße 7 steht ein ockergelbfarbenes Barockpalais, hoch und wuchtig, mit langer Front, über ein Eck und in einem Winkel, dort wo die Straße einen Haken macht und sich zu einem kleinen Platz öffnet. In diesem Haus aus noblen Tagen wohnt seit 134 Jahren die Familie Radspieler / von Seidlein. Zweige alter Bürgerfamilien aus ganz unterschiedlichen Richtungen kommen da zusammen: die Münchner königlichen Hofvergolder Radspieler, die Bamberger Handwerker Seidlein, die Münchner Brauer Sedlmayer und die Bäckerdynastie Seidl mit ihrem glanzvollsten Zweig, dem des Architekten Gabriel von Seidl.

Jede Münchner Bürgerfamilie kam irgendwann einmal barfuß in die Hauptstadt. Die Handschuhmacher Röckl und Bäcker Seidl genauso wie der Kunstdrucker und Verleger Hanfstaengl, der Maler Stuck und auch die Vergolder Radspieler. Irgendwann zuvor hatten sie als Müllerbuben oder Bauernburschen draußen auf dem Land gelebt.

So wanderte auch um 1800 ein Josef Radspieler, Sohn eines Bauern und Hammerschmieds, aus Leutzenkirchen im Niederbayerischen in die Hauptstadt. Er kam ohne Hab und Gut, aber offenbar mit einem rechtschaffenen Gesicht. Zunächst wurde er Hausknecht beim Abbé Peter Salabert, später in der hochherrschaftlichen Herzog-Max-Burg. Sein Sohn, wieder ein Joseph Radspieler, gründete ein Vergoldergeschäft an der Eisenmannstraße, Haus Nr. 2.

Das erste Auftreten des Vergolders Radspieler in der Öffentlichkeit stand sogleich im Zusammenhang mit einem typisch bayerisch-münchnerischen Spektakel. Er zählte zu jener Bürgerdelegation, die sich 1848 bei der Affäre um die Tänzerin Lola Montez »zu König Ludwig I. begab, um die Einberufung des Landtags zu erbitten«. Da sind wir nun bei dem großen Ururgroßvater der Familie Radspieler, dem Gründer der Firma, dem alten Herrn der Familie. Er war ein großgewachsener Mann mit kurzgehaltenem Vollbart, wurde von den Kindern und Enkelkindern respektvoll geliebt und von den Ur- und Ururenkeln verehrt und bewundert.

Joseph Radspieler war fleißig und umsichtig. Er vergrößerte das Geschäft, die Räume wurden schnell zu eng. Es war eine gute Zeit für tüchtige Bürger. Es war aber auch die Zeit, in der manch angesehene alte Adelsfamilie wirtschaftlich heruntergekommen und froh darüber war, wenn sich »ein Käufer einstellte«, der Stadtpalais und Schulden, diese zu groß geratene Last, von den schmaler gewordenen Schultern der hochwohlgeborenen Herrschaft nahm.

So war plötzlich auch das Palais der Gräfin Rechberg in der Hackenstraße 7 feil. Joseph Radspieler griff zu und erwarb das riesige Haus mit dem großen Garten inmitten der Stadt. Und seine Tüchtigkeit trieb ihn weiter. Im Geschäft häufte er Erfolg auf Erfolg, er wurde geschätzt und ausgezeichnet.

Darüber hinaus stand er immer wieder an der Spitze vieler Bürgeraktionen und Delegationen, war ein Jahrzehnt lang Gemeindebevollmächtigter, Mitherausgeber des *Bayerischen Kurier* und Landtagsabgeordneter. Zuletzt wurde er mit dem Ritterkreuz des Verdienstordens der bayerischen Krone geehrt und war nun Joseph Ritter von Radspieler. Will man die alten Bürgerfamilien im heutigen München richtig sehen, muß man ins 19. Jahrhundert zurückschauen. Die Reformen des Ministers Montgelas und die frühe Verfassungsgebung für das Land unter König Max I. gewährten einer freien Entwicklung der Bürger viel Raum. Römische Impressionen und griechische Träume des Kronprinzen Ludwig schufen auch der Kunst nachhaltig weiten Platz, und derselbe Ludwig richtete dann als König eine großdeutsch gesinnte Stadt katholischer Frömmigkeit ein. Man muß aber auch den Wandel im Auge haben, als nach Ludwig I. unter König Max II. aus München eine Stadt »der liberalen und kleindeutschen Geschichtsschreibung und Wissenschaft« wurde.

Das protestantische Sendungsbewußtsein begann in das alte katholische Land hineinzuwirken. Ein schärferer Wind des Liberalismus wehte, und die klassizistische Stadt wandelte sich zu spätbiedermeierlicher Haltung. Wir machen uns von dieser Zeit gerne ein Bild der Beschaulichkeit. Tatsächlich aber herrschte eine Atmosphäre der Veränderung und des Aufbruchs.

Wer von einer Hofvergolder-Familie redet, die ihren Höhepunkt in der Zeit des Königs Ludwig II. erreichte, kommt nicht daran vorbei, diesen König selbst ins Bild zu setzen. Der junge König Ludwig II. durfte tief überzeugt sagen: »Von dem Ernste der Kunst muß alles erfüllt werden.« Sein Vater und Großvater hatten eine reiche Grundlage für eine solche Devise geschaffen. Des jungen Königs Neigung zu Wagner war nicht bloßer Rausch. Sie war auch Ausdruck grundsätzlicher Haltung. Das Münchner Publikum besuchte seinerzeit zu gerne die üblichen frivolen Tendenzstückchen der Theater. Der König meinte, »das Publikum müsse gewöhnt werden an Shakespeare, Calderón, an Mozart, Gluck und Weber« und die Bürger müßten »in eine gehobene gesammelte Stimmung versetzt werden«. Das Wagner'sche Musikdrama paßte vorzüglich in dieses königliche Konzept.

Der Monarch war durchdrungen von der Weihe, den Pflichten und der Dauer des Königtums. Aber von 1866 bis 1876 zwang die machtpolitische Lösung der deutschen Frage durch Bismarck den Bayernkönig zu schmerzlichen Konsequenzen. Er mußte die Selbständigkeit seines Reiches einem für ihn fragwürdigen größeren Reich hingeben. Auch unter diesem Aspekt könnte dieses einst begabten und willensstarken jungen Mannes Flucht in die Kunst verständlich werden. Eine Flucht in die Welt des Schönen und der Ideen.

Das Schöne verlockt immer als eine höhere Wirklichkeit. Der Bau romantischer Schlösser, die Phantastereien in Linderhof, Herrenchiemsee und Neuschwanstein waren aber nicht nur die vitale Erfüllung von Wunschträumen eines anachronistischen Königtums. Sie waren, wenn auch unbeabsichtigt, ein beträchtliches Arbeitsbeschaffungsprogramm für Handwerk und Bürgerschaft. Man könnte sie als eine Art musisches Raumfahrtprogramm sehen, scheinbar zu nichts nutze und doch die Quelle für die Entwicklung hervorragender Fähigkeiten bei allen, die daran beteiligt waren. Steinmetze, Stuckateure, Kistler, Tischler, Holzschnitzer, Vergolder, wenn auch oft in Reproduktionen und in Wiederholungen alter Stilelemente verfangen, stiegen noch einmal zur Höhe ihres Könnens auf. In dieser vielfältigen und formenreichen Werkwelt wirkte Radspielers Vergolderei. Und was am Hof und beim König geschah, griff auch auf die bürgerlichen Häuser über. Bei aller Distanz zwischen diesen beiden Kulturen, der theatralischen des sich immer mehr isolierenden Königs und der des realistischen Bürgertums, schlang sich doch ein Band von einer zur anderen, was Stilgefühl, Technik, Detail und Ausführung betraf. Da gab es für Radspieler Kundschaft, Aufträge, Arbeit und Gewinn.

Um 1830 war München eine Stadt mit etwa 80 000 Einwohnern. Gut zwanzig Jahre später wurden die Vororte Au, Giesing und Haidhausen eingemeindet, die Einwohnerzahl schnellte auf 120 000 empor. Wieder zwanzig Jahre später, bei der Gründung des Bismarck'schen Reiches, waren es schon 170 000 Einwohner. Das tönt nach großem Wachstum, war aber doch nicht der wilde Aufschwung wie in anderen Städten zu Beginn des Industriezeitalters. Erst nach der Gründung des neuen Reiches machte sich auch in München Maßlosigkeit breit, überwucherte das vorher schrittweise gewachsene Gemeinwesen, sprengte endgültig die Linien des alten Burgfriedens und füllte rasch die Freiräume der 50 Jahre alten städtebaulichen Pläne Ludwig I. aus. Im Jahre 1900 war die Einwohnerzahl schon bei fast 500 000 angelangt. Als der Erste Weltkrieg begann, lebten 630 000 Menschen in der bayerischen Hauptstadt.

Doch blicken wir noch einmal zurück in das vergangene Jahrhundert; man muß auch daran denken, wie bunt und gemischt um 1880 zur Zeit von Preußens Gloria und eines umstrittenen bayerischen Königs Ludwig II. das Volk in München war: 85 Prozent katholisch und 15 Prozent protestantisch. Von den rund 260 000 Einwohnern waren 100 000 gebürtige Münchner und 90 000 gebürtige Altbayern von außerhalb Münchens. Dazu brachten 25 000 Franken, 3000 Rheinpfälzer und 20 000 Schwaben neubayerische Weitläufigkeit in die Stadt. 5000 Preußen und 10 000 Zugereiste aus anderen deutschen Staaten setzten scharfe Akzente.

Vor allem die rührigen Franken und Schwaben, beweglich, emsig und liberal, durchdrangen mehr und mehr die traditionelle Haltung der altbayerischen Münchner. So war altes Gefüge im Wandel. Insgesamt war München damals bestimmt von einer Herrschaft der Mittelklasse, das heißt eines Bürgertums, aber eben eines Binnenlandbürgertums. Da fehlte der große Atem, der etwa den Hafenstädten eigen ist. Und es fehlte auch der große Zugriff zur Politik, weil München nun nicht mehr Hauptstadt eines Reiches war.

Man könnte versuchen, die Münchner Bürgerfamilien einzuteilen, nicht nach Schichten und Stufen, vielmehr nach Wesensart und Tätigkeit. Zum einen glänzen da die großen Künstler. Sie kamen in die Stadt herein, stiegen auf, wurden berühmt, bauten prächtige Villen und hielten Fürsten gleich Hof. Ein oder zwei Generationen später tauchten ihre Namen wieder unter: Kaulbach, Stuck, Lenbach und Hildebrand.

Dann gab es die alten Offiziers- und Beamtenfamilien. Ein Name als Beispiel: Orff. Drei Generationen hintereinander erwarben sie sich jedesmal so große Verdienste um Staat und Hof, daß jeder Generation der persönliche Adel verliehen wurde. Als der letzte Geehrte mit einem einfachen Brief zu Recht um die Erblichkeit des Adels hätte anhalten können, entrüstete er sich. Er meinte, sein Sohn solle sich doch selbst anstrengen. Dieser Sohn war der Komponist Carl Orff, dessen Nobilität dann auch ohne schreibbares Prädikat in die Welt drang.

Eine dritte Art großer Münchner Bürgerfamilien waren die Braumeister und die Handelsherren, die Sedlmayer, Pschorr, die Röckl, Zechbauer und Dallmayr, die tüchtig und fleißig waren, und dies über so viele Generationen hin, daß sich Erfolg und Besitz mehrten und mehrten. Zu ihnen zählen wohl auch die Techniker, Industriellen und Großwirtschaftler, die Miller, Maffei und Noris.

Es bleibt noch jene Art von Bürgerfamilien, die zwischen den bereits beschriebenen liegen: grenzgängerische Leute, angesiedelt im verwirkten Feld zwischen Wirtschaft, Handel und Kunst, die Handwerker, Baumeister und Architekten. Dahin gehört auch die Familie Radspieler / von Seidlein.

Im Jahre 1889 kam durch die Ehe mit Marie Radspieler der nachmalige königlich-bayerische Staatsminister für Verkehrsangelegenheiten in die Familie, Neffe des Bamberger Bürgermeisters, Lorenz Ritter von Seidlein, eine Exzellenz und von hohem Ansehen bei Hof, Staat und Bürgern.

Das Geschäft übernahm noch zu seinen Lebzeiten sein Sohn Peter von Seidlein, der Architektur studiert hatte. Beim großen Friedrich von Thiersch zum Beispiel hörte er »Baugeschichte der Renaissance«. Bei Theodor Fischer »Bauen im Übergang vom Historismus zur Moderne«. Bauen, Zeichnen und Malen gingen dabei ineinander über. Die Studenten wurden eigens von Professor Pfann zum Zeichnen angeleitet. Und so blieb denn Peter von Seidleins Wahlspruch, den er auch Kindern und Enkelkindern weitergab, »nulla dies sine linea«. Das war die Zeit des Prinzregenten Luitpold, der Ausklang einer glanzvollen Epoche, von der noch zwei Jahrzehnte lang weitergeschwärmt wurde.

Der Prinzregent starb im Jahre 1912 im Alter von 91 Jahren. Zwei Jahre später begann der Krieg. Und als Peter von Seidlein 1919 wieder nach Hause kam, war viel Altes dahin. Wohl auch die erfolgreichste und größte Zeit der Hofvergolderei Radspieler.

Die Neigung zur Kunst aber pflanzte sich in der Familie fort. Der älteste Sohn des Architekten Peter, Peter Canisius, studierte nach 1945 wieder Architektur an der Münchner Technischen Hochschule; seine Lehrer hatten zu Füßen derselben Geheimräte gesessen wie einst sein Vater. Er wurde später Schüler und Assistent von Mies van der Rohe, baute als Architekt Exempel funktionaler Klarheit. Er lehrt heute als Professor für Architektur und kämpft, vielleicht vergeblich, gegen dümmliche Geschmäcklerei und ästhetische Anbiederung in der Postmoderne.

Sein Bruder Rasso baut als Innenarchitekt erlesene Einzelmöbel bayerisch-bürgerlichen Stils, der den Fremden ein wenig ländlich anmuten mag – wie ja überhaupt Münchner Bürgertum von nördlicheren Betrachtern immer ein wenig ländlich verstanden wird –, der aber getragen ist von solider Einfachheit und Ausgewogenheit, von Materialsinn und gesammelter Tradition.

Und der andere Bruder, Hubert von Seidlein, lebt mit seiner Familie in denselben Räumen wie der Ururgroßvater, in der Hackenstraße 7, zweiter Aufgang. Das Haus ist inzwischen von den Spuren der Zeit gekennzeichnet, bleibt beharrlich ohne Aluminiumfenster und ohne fesche Auslagenfassaden. Da leben sie in einem alten Stadthaus, das 1678 der kurfürstlich bayerische Hofrat Johann Wämpl bauen ließ und das dann den nachgeborenen bayerischen Herzögen aus dem Hause Wittelsbach, den Bischöfen und Kurfürsten von Köln gehörte. Josef Clemens, Erzbischof von Köln, Bischof von Regensburg, Bischof von Freising, Fürstprobst des Stiftes Berchtesgaden, Erzkanzler des Reiches, schenkte das Haus 1688 einem Freiherrn von Rechberg. Zuletzt, nach mehreren Besitzwechseln, kam es 1818 an den Oberst-Hofzeremonienmeister Graf Rechberg-Rothenlöwen. Am 22. August 1848 erwarb Joseph Radspieler das weitläufige Anwesen für 60 000 Gulden – dafür konnte man damals 720 000 Maß Bier kaufen. Ein Haufen Geld. Seitdem dient das Haus der Familie Radspieler als Sitz, Werkstatt und Laden.

Im Erdgeschoß findet man an den Decken noch die Dekormuster, die Ende des vergangenen Jahrhunderts gefragt waren und die hier gefertigt wurden, Renaissancedecken und Rokokoranken. In anderen, schlichteren Räumen ist der moderne Stoffladen der heutigen Firma Radspieler Companie Nachfolger.

Hubert von Seidlein steht allerdings selten in diesem Geschäft im alten Familienhaus. Er waltet eine Viertelstunde weit entfernt im anderen Laden in der Residenzstraße, wo Münchner Damen hübsches Zeug kaufen, Gschnaas, wie man hier so sagt, oder Radspielereien, wie sie Peter M. Bode einmal genannt hat.

Hubert von Seidlein ist viel unterwegs und kauft in der Provence Stoffe, in Madrid Volkskunst, in Lissabon Stühle, in London Papeterien, sucht nach leuchtenden Epinaler Drucken, nimmt in Thiers ausgefallene französische Taschenmesser mit. Er kauft Geschirr aus Schweden, Spiegel aus Mexiko, Gläser, Leder, Leinen und Spielzeug, wie es daherkommt und ins Auge fällt. Er trägt all das von weither zusammen, ausgewählt nach einem einfachen Prinzip: was für bayerische Sinnenfreude paßt, für bayerisches Wohnen.

Indes sitzt Gretl von Seidlein, deren einer Großvater der formenverschmelzende Jahrhundertwende-Architekt Gabriel von Seidl, deren anderer der vormalige Präsident der Bayerischen Kunstakademie, der Landschaftsmaler Toni von Stadler, war, in irgendeinem Zimmer im Radspielerhaus und macht zauberhafte Puppen. Was sie einst an der Akademie bei Emil Preetorius gelernt hat, liegt weitab von der Routine des Gewerbes. Sie malt Schaukelpferde an und Schränke. Aber nicht nach kommerzialisierter Machart, nach der heute üblicherweise bäuerliche Möbel des vorigen Jahrhunderts aufgearbeitet zu werden pflegen.

In einem anderen Zimmer des Hauses hat sich Sohn Peter, der Architekturfotograf, sein Labor eingerichtet. Im dritten wohnt Sophie, wenn sie nicht gerade mit André Heller auf Tournee ist – vom Flitter des Zirkus fasziniert, aber auch für die Dinge des Handels interessiert. Tochter Cornelia verdient ihr Brot als Grafikerin und verziert die Welt – Oktoberfestplakate, Bilderbücher, auch eine Collagenausstellung unter dem Titel »Ende der Puppen«. Sohn Clemens ist Geologe, der Wissenschaft zugeneigt. Ein anderer Sohn, Hubert, bindet den zerbrechlichen Augenblick des Heute in gemalten Bildern. Er fixiert in der kühlen Sachlichkeit des Fotorealismus die Gefährdung des Nu, hält die Reste seiner Stadt fest, kurz ehe sie die schlimme Veränderung verschlingt.

Alle die Seidleins von heute, in dem alten Haus aus dem Barock, versuchen, dem schönen Bild des Daseins zu etwas mehr Dauer zu verhelfen. Ringsum nach der alten Devise des Großvaters: Nulla dies sine linea – etwas frei übertragen: Kein Tag ohne die Bemühung, im visuellen Zwischenreich unseres Daseins schöne Stationen zu signieren.

Carl Lamb

DIE ASAMKIRCHE – AUSDRUCK BAROCKER BAUGESINNUNG

Mitten in der Sendlinger Straße, eingelassen in die Fassaden der Geschäftshäuser zu beiden Seiten, liegt eine kleine Kirche. Wer die Tür öffnet und eintritt, erlebt in der geschnörkelten Pracht aus Säulen und Simsen, allegorischen Deckengemälden und vergoldeten Putten einen jähen Moment von Stillstand und tröstlicher Ruhe. Wie viel mehr davon muss dieser Raum gespendet haben, als der Kunsthistoriker Carl Lamb ihn nur wenige Jahre nach dem Zweiten Weltkrieg betrat.

Mitten in den Trümmerhalden des Münchner Stadtkerns steht noch in der Sendlinger Straße die Johann-Nepomuk-Kirche, ein Hauptwerk des bayerischen Barock. Die ureigenste Schöpfung der Brüder Asam blieb, wenn auch nicht ohne erhebliche Schäden, in ihrem wesentlichsten Bestand erhalten.

Wir können den Raum in seiner eigentümlich ekstatischen Stimmung erst tiefer verstehen, wenn wir nach der Gesinnung fragen, aus der heraus Egid Asam ihn nach zwei vergeblichen Gesuchen 1733, eng mit seinem Wohnhaus verbunden, errichtete. Durch ein verstecktes Fensterchen hatte er von seinem Schlafzimmer aus den Blick auf den Seitenaltar des heiligen Egidius. Die Tatsache allein, daß ein einzelner Bürger – sogar gegen die religiöse Eifersucht der Nachbarschaft – eine weit über die üblichen Privatkapellen hinausgehende Kirche plant und aus eigenen Mitteln durchführt, dabei fast nur vom Bruder unterstützt, verrät bereits eine ungewöhnliche Seelenhaltung, deren Kern wohl darin zu finden ist, daß er in der Gruft der Kirche begraben werden wollte. Wenn auch dieser Wunsch des 1750 in Mannheim verstorbenen Künstlers nicht erfüllt wurde, so spiegelt die Sorge um sein Grab die größere Sorge um sein Seelenheil. Dieser Gedanke durchdringt den ganzen Bau und erfüllt auch die Plastik.

Von der monumentalen Stuckplastik Egid Asams ist die Figur Johannes des Täufers zerstört worden, als die Sogwirkung einer Mine die Choraltane wegriß, die inzwischen bereits wieder im Rohbau errichtet wurde. Auch die kunstvolle Lichtführung, die dem Obergeschoß des Chores in seiner bühnenhaften räumlichen Erweiterung und der von rückwärts überblendeten Gruppe des Gnadenstuhles an der Hohlkehle Spannung und Leben gab, wird damit wiedergewonnen werden.

Wo am oberen Choraltar das im Klassizismus eingefügte Gemälde der Dreifaltigkeit den Blick zwischen den vier gewundenen Säulen gleichsam aufprallen ließ, dürfte ursprünglich eine plastische Darstellung des Johann Nepomuk gewesen sein, ähnlich wie in der Sakramentskapelle im Freisinger Dom, auch hier flankiert von den Figuren der beiden Johannes. Auf einer alten Bruderschaftsurkunde erscheint Johann Nepomuk auf Wolken schwebend und aufblickend zu Christus am Kreuz in der Gruppe des Gnadenstuhles. Schon in Freising blickt die Mittelfigur sehnsüchtig empor zu einem kleinen Kruzifix, das ein Engel über dem Gesims in den Raum hält. Anläßlich der letzten Restaurierung bestand die Absicht, hier eine in sich geschlossene Komposition – nach einem Relief der Asamzeit – anzubringen: Johann

Nepomuk, der zu einem kleinen Kruzifix blickt, das er in der Hand hält. Eine solche Ergänzung würde die Kernfigur aber fälschlich vereinzeln, ihr keinen Anteil geben an der starken aufwärts geführten Spannung des Raumes, der gewundenen Säulen, und würde das Wesen der Asam'schen Kunst, ihre innige Verbindung von Raum und Plastik nicht treffen. Vielleicht wäre eine Stuckvariation der noch erhaltenen Steinfigur des auf Wolken emporschwebenden Titelheiligen über dem Portal der Fassade eine Lösung. Diese Frage ist deshalb so wesentlich, weil sie auch im Zusammenhang mit der Anlage des unteren Chores gesehen werden muß, dessen Altar einen gläsernen Sarkophag mit einer Figur des toten Johann Nepomuk trägt. Aus dem Gegensatz zwischen dem feierlichen Grabesdämmer, den tiefen Farben unten und der goldfunkelnden und farbigen Erhellung oben spricht die innere Haltung, aus der Asam sein Werk schuf: Der Tod ist nur Übergang; das erhoffte Ziel die Verklärung. In der Gruft unter dem Chor begann Egid ein Heiliges Grab Christi mit Rustika-Pfeilern auf ovalem Grundriß. Die vier gewundenen Säulen im Obergeschoß, die den unteren Chor räumlich überbauen, bringen mehr als einen nur formalen Zusammenhang mit Berninis Tabernakel über dem Grab des heiligen Petrus, während im Fresko über dem Chor die Tribuna von St. Peter gemeint und die Heiligsprechung Johann Nepomuks 1729 durch Benedikt XIII. dargestellt ist. So sind die heiligsten Gräber der Christenheit nebst der Erinnerung an das Grab Johann Nepomuks in Beziehung gebracht zur geplanten Grabstätte des Künstlers selbst.

Noch offenkundiger spricht seine Gesinnung aus den Plastiken über den Beichtstühlen hinter dem Eisengitter: Da ist der nach der guten Beicht Geläuterte, der zum Licht emporgehoben wird und zum Chor hin zu Christus am Kreuz emporblickt, das Gott Vater in seinen ausgebreiteten Armen hält. Der Gnadenstuhl selber wirkt wie eine monumentale barocke Umwandlung des in der Spätgotik immer wieder im Zusammenhang mit Totengedenken erscheinenden Themas. Am stärksten aber kommt die Sorge um das Seelenheil in der Kontrastdarstellung der schlechten Beicht heraus. Der Inhalt der seltsamen Gruppe wird durch das Schriftband deutlich, das Hermenengel, tränenüberströmt, emporhalten: »Mors peccatorum pessima«. Das Motiv der plastischen Darstellung selber war bislang noch nicht ganz geklärt. Einen Schlüssel zum Verständnis dieser Gruppe kann ein Drama geben, das zu Beginn des siebzehnten Jahrhunderts in München vor der Michaelskirche unter stärkster Erschütterung der Zuschauer aufgeführt und schon sehr bald aus der lateinischen Urfassung ins Deutsche übertragen worden war: der »Xenodoxus« des Jesuiten Bidermann. Dieser zeigt auf der Barockbühne mit ihrer Dreiteilung zwischen Hölle, Erde, Himmel das Ringen der bösen und guten Mächte zu Lebzeiten und nach dem Tode des der »Aigenlieb« verfallenen Xenodoxus, des scheinheiligen »Doctors von Paris«. Während man die feierlichen Gesänge an seinem Sarg anstimmt, richtet sich plötzlich der Tote von der Bahre auf, ruft, er sei angeklagt, gerichtet und aus gerechtem Urteil Gottes verdammt. Das Entsetzen darüber veranlaßt den am Sarg stehenden Bruno, in die Einsamkeit zu gehen und den Kartäuserorden zu gründen. Bidermann gestaltet für das Theater die Affekte, welche die Begebenheit bei den Umstehenden auslöst, und spiegelt ihr Erlebnis. Bruno: »Wie hat er auß der Todenbar / Sich so erschröcklich auffgericht / Wie hat er umbher gwendt das Gsicht; / Wie hat er mit so schiechem Graus / Die schröckliche Worte gsprochen auß!«

Die Erschütterung, wie sie von der Barockbühne ausging, mit plastischen Mitteln zu erreichen, war offenbar die künstlerische Absicht Asams, der die Szene meisterhaft in zwei Figuren verdichtet und dabei sowohl die Plötzlichkeit des Augenblicks, in dem der Tote »sich so erschröcklich auffgericht«, als auch das Entsetzen Brunos, wie er gleichsam abwehrend den Arm weit vorstreckt, und die Weltabwendung, wie er das Haupt senkt, zum Ausdruck bringt. Aus der Vita des heiligen Bruno allein hätte er nur das Thema finden können; das Drama aber gab ihm offenbar die Anregung für seine künstlerische Gestaltungsweise.

Auch in den Fresken des Cosmas Asam von 1735 kommt eine dramatische Art der Darstellung bei gegenüber früheren Werken mehr verinnerlichter Seelenschilderung zur Geltung. Die Abbildungen können hierfür wie auch für die dem Raum entsprechende Kompositionsweise freilich nur einige beispielhafte Hinweise geben. Sie sind vornehmlich aus jenen Partien des Deckengemäldes gewählt, die durch Wasserschäden während der letzten Kriegsjahre sehr gelitten haben.

Die Darstellungen im Deckengemälde sind friesartig um den Raum an den beiden Längsseiten herumgeführt. Die Legende Johann Nepomuks beginnt dort, wo der Prager Dom als Hauptblickziel in die Lüfte emporragt. Nur vom Eingang aus streben die mächtigen, von Asam in einer »Barockgotik« frei ergänzten Türme von St. Veit senkrecht empor.

Der Blick von der Mitte des Längsschiffes aus zeigt dagegen, wie die in den Pilastern emporstrebenden Energien im Fresko weiterwirken. Zugleich auch ist der scheinbaren Erweiterung des engen, kastenförmigen Raumes, wo das Wandgemälde des breiteren Mitteljoches den Einblick in einen Kirchenraum querschiffartig eröffnet, durch die monumentale Treppe im Deckengemälde über der Einschwingung der Hohlkehle Rechnung getragen. Wie in einem musikalischen Kontrapunkt gelangen die horizontalen Auf- und Abbewegungen so zur stärksten Spannung. Auf dieser Treppe sammelt sich das Volk um Johann Nepomuk, der Almosen spendet. Die Menschen suchen ihn aber nicht so sehr wegen der Gaben als um der geheimnisvoll heilenden

Kräfte willen, die von ihm ausgehen. Kranke Kinder werden ihm gebracht; umringt von Menschen, erscheint er doppelt einsam.

Die Darstellung über der Orgel zeigt die Auseinandersetzung Johann Nepomuks mit den Mächten, die in seiner Seele miteinander ringen. Die achteckige Kapelle birgt ein altes Gnadenbild, unter dem er der Ecclesia Treue schwört. Die Seelenkräfte sind in allegorischen Figuren, den Dämonen – links unten – und den Tugenden, die ihm folgen, zum Ausdruck gebracht.

Einen Höhepunkt der malerischen Gestaltung bedeutet die »Große Verführerin« aus der Apokalypse, die unter den Fundamenten des Domes – fast wie in mittelalterlicher Denkweise – ihren Platz hat. Hier greift Asam in seiner pastosen Malweise und in der Kühnheit der Erfindung künstlerische Probleme auf, wie sie ein halbes Jahrhundert später Goya ganz erfüllen. Zu dieser Gestalt gehören Pfau, Schlangenleiber und Drachen, aus denen Flammen hervorlodern. Sie bedrohen einen gebeugten, weißhaarigen alten Mann, der die Hände im Block hat, die brennende Kerze und die Rute dabei. Er ist der letzte einer Reihe von Gestalten, die über Stufen emporsteigen, und folgt auf eine weibliche Figur von tiefbeseelter Schönheit, die demutsvoll das Haupt beugt. Über dem Alten, aber nicht von ihm gesehen, kommt ein Engel herab, der die drohenden Dämonen abwehrt, als dürften sie dem Schuldbeladenen während seiner Buße nicht weiter nahen.

Cosmas Asam enthüllt hier einen sehr tiefen Wesenszug des Menschenbildes des Barock; er zeigt den Menschen, der sich abgewendet hat von der gleisnerischen Schönheit der Frau Welt; das höllische Feuer aber, das ihn umloht, versengt ihn nicht, weil er daran glaubt, daß über ihm ein Engel ist, der ihm hilft.

Curt Hohoff

DIE SCHÖN GEBAUTE STADT

Münchens Baugeschichte beginnt nicht mit Ludwig I. Aber die Schönheit der Stadt, ihre in weiten Teilen harmonische Gliederung und die Musikalität ihrer klassizistischen Bauwerke sind das Werk eines jungen Königs, der die Künste liebte und München selbst zu einem Kunstwerk gestalten wollte.

Die Geschichte ist bekannt: König Ludwig wollte, noch als Kronprinz, München zur »ersten Stadt Deutschlands« machen. Man sollte sagen, wer München nicht gesehen habe, der kenne Deutschland nicht. Das hat er wahr gemacht, indem er baute: Glyptothek, Residenz, Odeonsplatz, Wittelsbacherplatz, Briennerstraße, den Königlichen Platz mit den Propyläen und der Antikensammlung; dann die Ludwigstraße, zur Hälfte von Klenze, zur Hälfte von Friedrich Gärtner. Er füllte die Bauten mit herrlichen Sammlungen von Bildern, Statuen, Vasen, Handschriften, Büchern, Goldfunden, Möbeln und Tapisserien. Er bezahlte alles aus eigener Tasche, im ganzen 20 Millionen Gulden, nach heutigen Begriffen etwa 200 Millionen Mark. Was andere Herrscher für Pferde, Kanonen, Uniformen, Festivitäten, Weiber, Pferderennen und am Spieltisch ausgaben, steckte er in die Kunst. Als Stadt der Museen hat München auf der Welt nicht mehr als sechs oder sieben Konkurrenten: Rom, London, Paris, New York und Berlin, dazu Leningrad und Wien; aber es ist »schöner gebaut«.

Ludwig hatte den Ehrgeiz, die Stadt selbst zum Kunstwerk zu machen. Wozu Rom und Florenz Jahrhunderte gebraucht hatten, das wollte er in zwanzig Jahren schaffen, und zwar, indem er klassisch baute. Gewöhnlich sagt man, klassisch bauen bedeutet: nachahmen, was die Athener oder Florentiner gebaut hätten, und in Einzelfällen hat Ludwig das auch getan. So ist die Feldherrnhalle eine vergrößerte Loggia dei Lanzi aus Florenz – und deshalb ein ziemlich totes Bauwerk. Aber einen Bau wie die Propyläen, die Glyptothek, die Alte Pinakothek oder die Hofgartenseite der Residenz hat es nie gegeben: Sie sind Originale »aus dem Geist« der Antike oder Renaissance. Das muß man in München im Auge behalten. Klenzes Meisterwerk ist die Front der Glyptothek, in der Mitte der Portikus mit Säulen, seitlich die glatten Flügelwände mit drei Nischen für Figuren. Da ist alles voll von Sinn für Bild-, Schmuck- und Architekturformen. Sie gehen ineinander über, steigern sich von den Stufen bis zur Traufenlinie. Die Glyptothek ist einer der edelsten Bauten der Welt. Ähnliches gilt für den Mitteltrakt der Propyläen; wie die einfachen Säulen das ungeheure Gebälk hier »tragen«, ist eigentlich ein »Schweben-Machen«.

Der Königliche Platz ist nicht im ursprünglichen Zustand. Der Plattenbelag und die Autos verhunzen ihn. Die an den Rändern gepflanzten Bäume werden lange brauchen, bis sie Kulissen werden. Wie sich Klenze und der König Plätze vorgestellt haben, zeigen heute der Wittelsbacherplatz mit Thorwaldsens Reiterdenkmal für Maximilian I. und der Odeonsplatz. Obwohl klein, fast zierlich, haben sie Größe. Die Denkmäler stehen an der richtigen Stelle, in richtiger Höhe, auf passenden Sockeln – das allein ist ein Meisterstück. Die Plätze sind viereckige Säle. Wenn man den Odeonsplatz von der Ludwigstraße, die er eröffnet, und zwar vom Basargebäude her, betrachtet, mit den zwei Stadtpalästen des ehemaligen Odeons und Leuchtenbergpalais, und dazwischen mit dem Blick auf die Fassade des Alfonspalais, dann begreift man, was hier architektonisch »gedacht« worden ist.

Auch die Ludwigstraße ist ein Gedanke gewesen. Sie sollte ein tausend Meter langer Saalplatz sein. Ludwig hätte am liebsten, das war Zeitgeschmack, lauter Tempel gebaut. (Klenze verstand ihn zu überzeugen, daß es in einem nordischen kalten Land und in einer Stadt, die nicht von Göttern und Heroen, sondern Beamten, Bürgern und deren Familien bewohnt werden soll, immerhin Bauten mit Fenstern, Türen und Stockwerken geben muß.) Ganz am Ende, bei der Universität, öffnet sich die Straße zu einem Forum mit zwei Brunnen. Unter den Bauten sind das Staatsarchiv (früher Kriegsministerium) von Klenze und die Staatsbibliothek von Gärtner – riesig, hoch, endlos, mit »sitzenden« Fenstern und der horizontalen Kraft des Konsolengesimses. Staatsbibliothek und Pinakothek sind die Schatzhäuser Bayerns. Ihre Inhalte sind nicht mit Gold aufzuwiegen.

Brienner- und Ludwigstraße, die rechtwinklig zueinander liegen, wurden die Achsen des modernen München. Bis weit nach Schwabing und auf der anderen Seite bis weit hinter den störend eingeschobenen Komplex des Hauptbahnhofs regiert der rechte Winkel. Auch die später nach Osten gebauten Achsen der Maximilian- und Prinzregentenstraße folgen dieser Vorschrift. Wir entdecken am klassizistischen München nach seiner geglückten (und nicht selbstverständlichen) Renovierung, daß es nicht altmodisch, schimmelig, altfränkisch und großväterhaft wirkt, wie das heute bei den meisten alten Kapitalen der Welt der Fall ist. Stefan George hat von einer »stadt der jugend« gesprochen; das war nicht biologisch gemeint, und das gilt bis heute.

Vor fünfzig Jahren fand man den Klassizismus langweilig;

man verstand das Konstruierte daran nicht und hielt es für berechnet. Heute, im Zeitalter der Stahl- und Glasbauten, ist »Konstruktion« das, was man am liebsten zeigt, und es hat die gleiche Funktion wie die Säulen und Steinbalken bei Klenze: Die Schwere wird elegant, sie wird unsichtbar gemacht. Es ist der Sieg des Geistes über die Materie. Das kann natürlich mißglücken, wie bei der Ludwigskirche und ihren Flügeln. Und die in sich wohlproportionierte Ehrenhalle um die Bavaria ist für das Riesenweib einfach zu klein - oder ist das Weib zu groß? In beiden Fällen war man dem ursprünglichen Gedanken untreu geworden.

Die Alte Pinakothek ist absichtlich isoliert worden, aus Sicherheitsgründen. Feuer und Diebe können sich nicht heranmachen. Hier hat sich Klenze am weitesten vom antiken Ideal gelöst. Er stellte den Bau so, daß er tagsüber in allen Räumen Nordlicht hat. Wölfflin sagte von der Fassade: »Wie hier die Schwierigkeit bewältigt wurde, einen so langgezogenen Bau ohne vortretendes Mittelstück herzustellen, ohne dabei langweilig zu werden, bleibt immer ein Meisterstück der Proportionskunst. Man beachte die Vorbereitungen im Untergeschoß für die so außerordentlich wohllautenden richtigen Proportionen des Obergeschosses - wie sich Proportionen aus Proportionen entwickeln!«

Das Äußere der Pinakothek konnte nicht renoviert werden. Aber jenen Wohllaut vernimmt man noch. Auch Ruinen haben ihre Musikalität, und man sollte nicht daran rühren.

Das klassizistische München war wie alle geplanten Bauten ein Statussymbol. Es sprach von der Idee der Bildung und des Wissens, und da Bildung und Wissen damals mit der griechischen und römischen Antike identifiziert wurden, wollten Ludwig und seine Architekten so bauen, wie sie sich das Griechisch-Römische dachten: Die Deutschen könnten nichts Besseres tun, als die Alten und deren Wiederbeleber, die Italiener des fünfzehnten Jahrhunderts, auf einer späteren Drehung der Spirale nachzuahmen. Man darf nicht vergessen, daß alle großen Zeiten so gedacht hatten, daß die größten Baumeister der Welt bis dahin nichts anderes getan hatten; innerhalb der Möglichkeiten steinernen Bauens, des Bauens mit Marmor, war hier das Höchste erreicht.

In Münchens Umgebung gab es keinen Marmor. Er mußte aus Salzburg oder Tirol, notfalls aus Solnhofen, herbeigeschafft werden. Jeder Quader der Glyptothek wurde mit Pferdefuhrwerken vom Untersberg bei Salzburg herbeigekarrt. Die Bayern, der Vater des Kronprinzen an der Spitze, regten sich entsetzlich auf über so viel närrische Verschwendung. Nur die Fremden waren anderer Meinung; bald kamen sie in Scharen, das Isar-Athen anzusehen. Der russische Zar bestellte bei Klenze ein ähnliches Bauwerk wie die Alte Pinakothek; so entstanden in St. Petersburg die Eremitage, in Athen das Schloßviertel. Wenn man heute in Athen beim Schloß spazierengeht, meint man, an einem Föhntag in München zu sein. Die großen Galerien von Venedig, Rom, Kassel und Brüssel sind der Pinakothek nachgebaut, von denen in Amerika und Australien ganz zu schweigen. Eine Ludwigstraße gibt es nirgends; sie war nicht zu erreichen.

Für Klenze und Ludwig war die Klassik »das Zeitlose«. Es war in Athen zum ersten Male und für alle Zeiten gültig verwirklicht worden. Rom, Florenz und München konnten also nichts Besseres tun, als diesen Stil als Formprinzip anzuerkennen. Damit war ein Maßstab gesetzt, um den die architektonische Einbildungskraft kreiste. Und doch ist es sonderbar, daß München als Ganzes klassizistisch gebaut wurde. In Paris oder London gibt es nur Einzelbauten – weil kein willensstarker König und Bauintendant dahinterstanden. Nicht der einzelne Bau, sondern auch die Plätze und Straßen, die ganze Stadt sollte ein Kunstwerk sein. Nicht

Wohnlichkeit, nicht das Geschäftsleben, nicht der Verkehr: Das schöne Bauwerk bestimme die Stadt! Solch einen Anspruch hatte früher niemand erhoben, auch die Antike nicht, und es war natürlich Romantik, pure Romantik, und hing zusammen mit dem Traum des Menschen von einem schöneren Leben.

STADT DER KUNST

Literaten und Malerfreunde

Emanuel Eckardt

KUNST HOCH DREI

Nicht viele Städte auf der Welt, die ein so inniges Verhältnis zu den Künsten zur Schau stellen können: Allein die drei Pinakotheken bilden ein Ensemble, das seinesgleichen sucht. Wieder war es der kunstsinnige König Ludwig I., der 1816 den Anstoß gab. Emanuel Eckardt, selbst Maler und Kunsthistoriker, hat sich freudig auf den Parcours begeben.

Ein Sonntag in München. Hunderte strömen in die Pinakothek der Moderne, Familien, Besuchergruppen und Alleinreisende. Elegant schwingen die Treppen im kreisrunden Raum unter der Rotunde, führen lichte Flure zu den Hauptwerken der Kunst des 20. und 21. Jahrhunderts, zu Expressionismus, zur klassischen Moderne und amerikanischen Minimal Art.

Das größte Museum moderner Kunst in Deutschland birgt die Schätze der Staatlichen Graphischen Sammlung und der Neuen Sammlung, nun als Museum für Design und angewandte Kunst, sowie das Architekturmuseum der Technischen Universität. Dass der Freistaat Bayern im Zeitalter zugebundener Spendierhosen am 16. September 2002 seiner Hauptstadt diesen Bau des Architekten Stephan Braunfels schenkte, war eine Großtat gegen den Trend.

Die drei Pinakotheken bilden ein einzigartiges Ensemble

deutscher Museumskultur, Resultat freistaatlich organisierten Kunstverstandes, großzügigen Bürgersinns sowie der offenbar erblichen Sammelleidenschaft des Hauses Wittelsbach. Wittelsbacher regierten in München und Schleißheim, in Mannheim, Zweibrücken und Düsseldorf, und wo sie am Drücker waren, sammelten sie Kunst, kenntnisreich, notorisch begeistert – und das länger als ein halbes Jahrtausend.

Angefangen hatte es mit Herzog Wilhelm IV., der 1528 einen Historienzyklus für die Münchner Residenz in Auftrag gab und Albrecht Altdorfer seine »Alexanderschlacht« malen ließ, ein Meisterwerk, das schon allein eine Reise nach München wert ist. Kurfürst Maximilian I. sammelte Dürer, sein Enkel Max Emanuel nutzte seine Stellung als Statthalter der Niederlande, um das Beste der Flämischen Schule in seinen Besitz zu bringen.

Doch nirgendwo hingen so viele Prachtstücke von Peter Paul Rubens wie in Düsseldorf, der Residenz der Pfälzer Wittelsbacher. Kurfürst Johann Wilhelm, verheiratet mit Anna Maria Luisa aus der toskanischen Familie Medici, nahm Raffaels »Heilige Familie aus dem Hause Canigiani« als Geschenk aus Florenz entgegen. Auch in Mannheim hatte ein Wittelsbacher, Kurfürst Karl Theodor, eine prächtige Sammlung aufgebaut, und die Herzöge von Pfalz-Zweibrücken brauchten in ihrem Schloss Carlsberg einen Bildersaal von 160 Meter Länge, um ihre schönsten Stücke zu zeigen.

Es mangelte den Wittelsbachern an nichts, nur an legitimen Erben. Ende des 18. Jahrhunderts waren die Dynastie in Altbayern und auch die mächtige Pfälzer Linie ohne Nachkommen. Wohin mit all der Kunst? Das reiche Erbe floss den Zweibrücker Herzögen zu. Und weil die nun auch die Kurwürde in Bayern geerbt hatten, brachten sie alle ihre Schätze in die Hauptstadt München: die Mannheimer Galerie mit gut 600, die Düsseldorfer mit 350 und die Bestände ihrer eigenen, der Carlsberger Galerie mit 2000 Werken. Hinzu kamen noch 1500 Kunstwerke aus Klöstern und Kirchen, die bei der Säkularisation enteignet wurden.

Die Französische Revolution hatte die Welt der schönen Künste verändert. Alle Kunst gehörte der Nation. Seit 1793 waren die Schätze des Louvre öffentlich zugänglich, die Schau beeindruckte den jungen bayerischen Kronprinzen Ludwig tief; 33-mal soll er bei seinem Paris-Aufenthalt 1806 das Musée Napoléon besucht haben.

Warum sollte München keinen Louvre bekommen? Der Kronprinz berief Leo von Klenze als Architekten für einen repräsentativen Galeriebau, der nach einigem Hin und Her in der Maxvorstadt errichtet werden sollte. Die Grundsteinlegung erfolgte 1816 an Raffaels Geburtstag, dem 7. April. Auch der Begriff Pinakothek – der Ort, an dem die *pinakes* (Griechisch für Bilder) aufbewahrt wurden – wies in die Renaissance.

Zehn Jahre später wurde Klenzes erste Pinakothek endlich eröffnet, ein wahrhaft königlicher, 134 Meter langer Bau mit neun Sälen, durch zentrale Türachsen miteinander verbunden, was eine faszinierende Sogwirkung auf Besucher ausübte, eine Schatzkammer für Bruegels »Schlaraffenland«, für Alte Meister, Niederländer, Flamen, Italiener und die ganze barocke Pracht, achtzig Rubens insgesamt, mitten drin sein Riesenwerk vom »Höllensturz der Verdammten«.

Aber Ludwig wollte mehr, etwas nie Dagewesenes, das erste Museum für die Kunst der Gegenwart. Schon als Kronprinz hatte er zeitgenössische Kunst gefördert, vor allem die jungen Maler in Rom, die in seiner Villa Malta lebten und die Früchte ihrer Arbeit in München ablieferten. Aus Griechenland, wo seit 1832 auch ein Wittelsbacher regierte, brachte Carl Rottmann Skizzen für die 23 Bilder seines Griechenland-Zyklus mit. Dieser Kunst wollte Ludwig Raum geben.

Am 25. Oktober 1853 wurde die Neue Pinakothek in München nach Plänen von Friedrich von Gärtner und August von Voit als erstes Museum zeitgenössischer Kunst eröffnet. Als Ludwig I. 1868 starb, umfasste ihr Bestand 425 Gemälde. Doch nach seinem Tod suchte die königliche Begeisterung für die Kunst andere Ventile. Sein Enkel Ludwig II. investierte lieber in Traumschlösser und Richard Wagner, erwarb immerhin Anselm Feuerbachs »Abschied der Medea« und von Pilotys das Bild »Thusnelda im Triumphzug des Germanicus«.

Erst als Hugo von Tschudi 1909 zum Generaldirektor beider Pinakotheken berufen wurde, kam Schwung in den Laden. In den zwei Jahren bis zu seinem Tod 1911 erwarb er 44 Gemälde, neun Skulpturen und 22 Zeichnungen von ziemlich umstrittenen Künstlern aus Frankreich: Hauptwerke von Daumier, Courbet, Manet, Monet, van Gogh, Gauguin und Cézanne.

Nirgendwo in Deutschland waren so viele Meisterwerke der Avantgarde versammelt wie in München. Aber hier wurden diese Werke auch zuerst von den Nazis als »entartete Kunst« diffamiert. Was nicht völkischem Stilempfinden entsprach, wurde beschlagnahmt und ins Ausland verkauft, darunter van Goghs Selbstbildnis, das heute im Fogg Art Museum, in Cambridge / Massachusetts, zu sehen ist.

Während des Zweiten Weltkriegs wurden die Sammlungen ausgelagert. Die Neue Pinakothek wurde durch Bombenangriffe so schwer zerstört, dass sie später abgerissen werden musste. Sie wurde 1981 an alter Stelle wiedererrichtet. Architekt Alexander Freiherr von Branca schuf einen Bau mit idealen Lichtbedingungen. Mäzene und Vereine taten sich zusammen, kauften Gemälde von Wilson, Gainsborough, Reynolds, Raeburn, Constable und Turner, die wohl bedeutendste Sammlung englischer Werke auf dem Kontinent. Dazu kamen Meisterwerke von David, Géricault und Millet, Monet, Degas und Toulouse-Lautrec, Arbeiten von Caspar David Friedrich, Georg Kersting und Max Liebermann. Als Schatzkammer für die Kunst des 19. Jahrhunderts spielt Münchens Neue Pinakothek in der gleichen Liga wie die Alte Nationalgalerie in Berlin und das Musée d'Orsay in Paris.

Doch wohin mit der Moderne? Die Nazis hatten ganze Arbeit geleistet. Nach 1945 besaß München nur noch vier Gemälde, je eins von Franz Marc, Henri Matisse, Oskar Kokoschka und Lovis Corinth, und zwei Skulpturen. Es gab keinen kunstsammelnden König mehr, aber Münchens Begeisterung für die Kunst war ungebrochen. Der Freistaat Bayern begann deutsche Expressionisten zu sammeln, private Stifter, Mäzene und Vereine brachten eine herausragende Kollektion zusammen, Künstler der Brücke, Hauptwerke des Surrealismus und weltweit die größte Sammlung mit Werken Max Beckmanns.

Ein besonderes Geschenk war die Sammlung Sofie und Emanuel Fohn. Das Herz der Künstler und Sammler hing am 19. Jahrhundert, die Moderne stand ihnen fern. Aber als die Kampagne gegen die »entartete Kunst« tobte, verkauften sie ihre Schätze und nahmen das Geld, um die verfemten Werke zu kaufen, darunter August Mackes »Mädchen unter Bäumen«.

Die Pinakothek der Moderne ist heute nach Besucherzahlen der Star unter den drei Schwestern. Die Graphische Sammlung birgt Schätze von Rubens, Dalí und Picasso, das Architekturmuseum zeigt die berühmten Nylonstrümpfe des Teams Behnisch, Otto und Grzimek, das Stretch-Modell für den Olympiapark München. Im Riesensaal des Car-Designs glänzt Bertonis DS 19 von Citroën, die Wanderung durch das 20. Jahrhundert führt von Thonets Bugholzmöbeln zum deutsch-italienischen Dialog. Ikonen des Schmuckdesigns glänzen in der Rotunde, Filme werden gezeigt, eine Pasolini-Werkschau, Aktionen, Nachtmusik mit dem Münchner Kammerorchester, Komponistenporträts. Die Pinakothek der Moderne führt durch alle Disziplinen aktueller Kunst, der einzige Ort, wo sich Jesus, Elvis und Lenin im selben Raum begegnen.

Nebenan ist es ruhig. Die Alte Pinakothek atmet Gelassenheit. Der Maler André Mimor steht vor Leonardos zauberhafter »Madonna mit der Nelke« und kopiert das Werk in zwei Versionen, eine mit Harzölfarben, wie Leonardo sie vor 533 Jahren verwendet hatte, und eine mit modernen Ölfarben, ein Forschungsprojekt des Doerner-Instituts. »Leonardo war 21 Jahre alt, als er die Madonna malte, er hat viel experimentiert«, sagt der Mann und tritt zurück. »So ein Bild kann nur jemand malen, der nicht unter Zeitdruck steht. Deshalb kann solche Kunst nicht mehr entstehen.«

Mimor wendet sich wieder seiner Arbeit zu. Ein paar Monate wird er noch damit verbringen. Ohne Hast, bei voller Bezahlung, eine Reise in eine andere, verlorene Zeit.

Eugen Roth

GOLDENER ÜBERFLUSS – DIE STADT ALS BILDUNGSSTÄTTE

Keine Stadt in Deutschland besitzt einen so beständig gehüteten und ausgebauten Schatz von Kunstwerken. »Fürstengunst, Kirchenmacht und Bürgersinn«, so fasst es Eugen Roth zusammen, haben hier einen einzigartigen Reichtum an geistigen Gütern angehäuft und München damit – wie nebenbei – zum Hort einer klassischen Bildung erhoben.

Es gibt Städte, deren Antlitz wohl die Jahrhunderte geprägt haben – und doch haben sie ihr Gesicht verloren; es gibt Städte, die keine Geschichte haben – aber sie suchen mit der Macht ihres Reichtums die Züge ihrer Erscheinung zu vertiefen. Sie wollen nicht länger nur Ansammlungen sein, die der Wirtschaftskraft und der Zerstreuung dienen: Sie legen Sammlungen an, sie schaffen Stätten der Bildung.

Glückliches München – die achthundertjährige Stadt ist alt genug, um das heute nicht mehr Erwerbbare zu besitzen, und zugleich jung genug, um erwerbend und mehrend ihr Erbe lebendig zu erhalten. Fürstengunst, Kirchenmacht und Bürgersinn haben München zu einer Heimat der Künstler und zur Stadt der Kunst gemacht – aber allzuoft wird über diesem Schlagwort die Wissenschaft vergessen, die, immerhin auch schon seit zweihundert Jahren, weithin glänzt: 1759 wurde die Bayerische Akademie hier gegründet. Und fast aufs Jahr doppelt so alt ist die Bayerische Staatsbibliothek, deren Grundstock auf Albrecht V. zurückgeht. Sie ist die an Handschriften und Wiegendrucken reichste Bibliothek Deutschlands und unsere größte Bücherei überhaupt. Es kann nicht unsere Absicht sein, Münchens Bildungsstätten in der Art aufzuzählen, wie jedes Taschenbuch für Fremde das tut. Aber an den drei größten Schöpfungen, die unsere Stadt besitzt: der *Alten Pinakothek*, dem *Nationalmuseum* und der *Staatsbibliothek*, können wir nachweisen, wieviel Kunst- und Bildungsgut - mehr als irgendwo sonst in deutschen Landen - hier zusammengeströmt ist, in einer Verkettung von Verdienst und Glück, die man nicht häufig findet. Wir wollen die Städte nicht nennen, die München beerbt hat, die Klöster und Herrensitze, denen es seine Fülle verdankt.

Diese Fülle war jederzeit groß genug, um auch Zeiten einer erlahmenden Kraft, ja selbst die Verluste des letzten Krieges zu überwinden; und so hat München auch heute, und heute vielleicht mehr denn je, gewaltige und kaum ausschöpfbare Werte für den um wirkliche Menschenbildung Bemühten bereit. Kaum ausschöpfbar? Das ist nicht übertrieben: Denn muß nicht selbst ein alter Mann, der viele Jahrzehnte lang als rastloser Wanderer, ja zeitweise als »rasender Reporter« von Stätte zu Stätte, von Gelegenheit zu Gelegenheit geeilt ist, ehrlich bekennen, daß er von vielen dieser Bildungsstätten nur vom Hörensagen weiß, daß er ungezählte Gelegenheiten, darunter oft die einmaligen, hoffnungslos versäumt hat? Zwar kennt er viel, doch möcht er alles kennen - es ist unmöglich, das Leben wäre selbst für den zu kurz, der nichts anderes zu tun hätte, als seiner Bildung nachzugehen. Und wie sollte erst der Fremde, »bei beschränkter Zeit«, solchen Reichtum in drei Tagen nur erahnen, geschweige denn in sich aufnehmen!

Nun ist freilich die Frage, was Bildung sei, schwer zu beantworten. Das billige Schlagwort, Bildung sei Macht, dürfen wir dabei getrost den Ungebildeten überlassen. Adolf von Harnack hat ungefähr gesagt, Bildung sei das, was übrigbleibe, wenn man alles vergessen habe. Das will natürlich auch mit jenem bewußten Körnchen Salz verstanden sein. Jedenfalls sind die Kräfte der Anschauung und der Erinnerung lebendiger als die des bloßen Wissens; aber das eine kommt ohne das andere nicht aus, ein Lernen im höheren Sinn ist beides, und so verflechten sich auch, wenn wir von den Bildungsstätten einer Stadt sprechen, Kunst, Wissenschaft und Allgemeinbildung zu einem Ganzen, zu einer gemeinsamen Formung des Weltbildes.

Den Begriff der Bildungsstätten können wir eigentlich gar nicht weit genug fassen, ja, wir können verwegen behaupten, ganz München sei eine einzige Bildungsstätte, mit seinen Bauten, seinen Theatern und Konzerten, mit seinen Hochschulen und seinen Volkshochschulen, ja selbst mit seinem Botanischen und Zoologischen Garten. Sogar die zweifellos kulturbildenden Geschäfte mit ihren geschmackvollen Auslagen dürfen wir einbeziehen, denn wenn der gebildete Mensch ein »homo eruditus«, ein aus dem Rohen herausgezogener ist, dann bedeutet in der Zeit des Massenschundes die noble Haltung solcher Unternehmer, einschließlich der Buchhändler und Modehäuser, nicht den unwichtigsten Beitrag zur Bildung.

Doch wollen wir uns auf den landläufigen Begriff beschränken – er ist umfassend genug. Nehmen wir an, der Bildungsbeflissene kennt – was wir so »kennen« heißen dürfen – die sieben Säulen der Weisheit oder vielmehr der Anschauung, die in seiner Stadt stehen: die *Residenz* (von früher her – jetzt sind ihre Reichtümer verloren oder zerstreut in den Schatzkammern, im Schloß Nymphenburg, wo auch die Prunkwagen gezeigt werden); die *Alte Pinakothek*; das *Nationalmuseum* (das Bilderbuch der bayerischen

Kulturgeschichte schlechthin); die *Staatsbibliothek* (die auch Schau-Sammlungen zeigt); das *Deutsche Museum* (fälschlich für eine Sache der Techniker gehalten, in Wahrheit das so oft fehlende geistige Band, das Idee und Wirklichkeit des Menschen verbindet); das *Völkerkunde-Museum* (das sich unter der Hand in ein Völkerkunstmuseum verwandelt hat) - und das *Stadtmuseum* (das schlagende Herz Münchens); wenn also der Kenner ungefähr weiß, welcher Fundus ihn hier erwartet, dann geht es, sozusagen, mit seiner Bildung erst an: Die antike Kleinkunst, die Münzen, die Graphik sind hier von höchster Bedeutung. Die Münchner Malerei in der Schackgalerie, im Haus der Kunst, in den staatlichen und städtischen Sammlungen. Die hundert wechselnden Ausstellungen in den genannten Instituten, im Kunstverein, in dem guten Dutzend von Galerien des Kunsthandels, wie Günther Franke oder Gurlitt, Hielscher und wie sie alle heißen.

Die Einladungskarten zu Eröffnungen und Vorträgen häufen sich auf dem Schreibtisch. Die Akademie der Schönen Künste, die Vereinigungen für Kunst (Altertumsverein, Mappe), Literatur, Naturwissenschaft - alle haben ein erlesenes Bildungsprogramm; Lichtbilder - und was für herrliche Aufnahmen! - und Kulturfilme werden geboten. Nur die Zeit kann nicht mitgeliefert werden; und so muß man das Beste oft versäumen: Bis man sich entschlossen hat, die vielgerühmte Plastik der Eskimos anzusehen, ist bereits die übernächste Ausstellung da, die Vorträge, Konzerte, die man ganz bestimmt besuchen wollte, waren plötzlich alle schon gestern oder vorige Woche - es ist ein vergeblicher Wettlauf. Die »Neue Sammlung« zeigt bestes Kunstgewerbe nordischer Länder, bis wir hinkommen, sehen wir bereits italienisches Glas ... natürlich auch sehr schön.

Bücher lesen? - Die Staatsbibliothek hat Ausleihen und Lesesäle, gewiß. Die Stadt macht es einem noch leichter:

Sie fährt uns die Bücher mit der Straßenbahn fast bis vor die Haustür. Und all das, nicht zu vergessen, umsonst oder für geringe Beträge. Gelegentlich mag eine kostspielige Sonderschau, aus aller Welt zusammengeholt, den Eintrittspreis von einer Mark überschreiten – im allgemeinen wird niemand sagen können, die Stadt als Bildungsstätte sei ihm aus wirtschaftlichen Gründen versperrt.

Sehen wir von der breiten Schicht der Teilnahmslosen und Schwerfälligen ab; auch die Beflissenen müssen gestehen, daß sie die hundert Möglichkeiten oft zu wenig ausnutzen, daß sie vieles nur flüchtig – vielleicht einmal vor Jahren – oder überhaupt nicht gesehen, ja noch nie davon gehört haben. Etwa von der *kunstwissenschaftlichen Bibliothek,* in der man, ohne weitere Förmlichkeiten, die großartigsten Bände gewissermaßen im Vorbeigehen sich vorlegen lassen kann, oder vom *Theatermuseum,* oder der *Sternwarte,* oder der hochinteressanten *Puppentheatersammlung* am Jakobsplatz, oder ... Je voller der Strahl ist, den wir in eine schon überfüllte Schale gießen, um so weniger vermag sie zu halten. Längst mühen sich unsere Museen, überlegen sich unsere Bildungsplaner, sparsam nur das Beste vom Besten zu bieten – immer noch ist es mehr, als wir auffangen können, auch wenn wir trinken wollen, was die Wimper hält: Ars longa, vita brevis – das kurze Leben kommt nicht mehr mit, auch nur den goldenen Überfluß dieser einzigen – freilich auch einzigartigen Stadt München zu fassen.

Werner Fuld

A GAUDI UND EIN GEMEINES TRAUERSPIEL

Wer sich mit seinen Künstlern schmückt, der muss auch ihre Ausfälle ertragen. München – für den Kritiker Werner Fuld eine typische Provinzdiva: eitel, spießig und intolerant – tat sich oft schwer damit. Viele, insbesondere Literaten, sind abgewandert, viele riefen der Stadt noch Schmähungen hinterher. Mancher aber brauchte gerade die Atmosphäre satter Bürgerlichkeit, um sich daran aufzurichten.

Ein feierlicher Abend sollte es werden, stilvoll und würdig, mit allen Honoratioren der Stadt, die sich 1958 im Glanz der Münchener 800-Jahr-Feier sonnten und dazu den einst verjagten Sohn Oskar Maria Graf aus seinem 25jährigen Exil zurückgeholt hatten in die Heimat. Voll bayerischer Leutseligkeit war man bereit, diesem Schriftsteller das Unrecht zu verzeihen, das man ihm angetan hatte, nur vom Flugplatz holte man ihn nicht ab, und für ein Hotelzimmer war auch nicht gesorgt. Er wird sich schon auskennen zu Hause, wird man sich gedacht haben. Ohnehin lag es nur tausend und einige Jahre zurück, da war er ein weltberühmter Autor, den man sogar in München gekannt hatte, weil es eine Oskar-Maria-Graf-Zigarette gab, und in jeder Packung lag ein Text von ihm. Jetzt war er eine bajuwarische Legende, dieser vermeintliche Heimatschriftsteller, der seine Lederhosen in Moskau ebenso spazierenführte wie in New York, ein leibhaftiger Antifaschist - und wer von denen, die ihm an jenem Abend des 22. August 1958 applaudieren wollten, konnte das ehrlicherweise von sich sagen? Zwar hatte er in den zehn Jahren zuvor achtzehn bundesdeutschen Verlagen seine Werke vergeblich angeboten, aber man kannte ja noch sein deftiges »Bayrisches Dekameron« (1928), und man erinnerte sich vielleicht auch noch an seine letzten Sätze über München, bevor er 1933 das Land verließ: »Da hilft keine Revolution, kein Hitler, ja nicht einmal der Rückgang der Fremdenfrequenz. Wir sind und bleiben ein stadtähnliches Dorf und können wirklich nichts anderes mehr tun als gemütlich zu sterben ... München ist sicher von allen deutschen Städten die provinzlerischste« (»Notizbuch des Provinzschriftstellers Oskar Maria Graf«, 1932). Wenn man ihn jetzt zu seinem vierundsechzigsten Geburtstag einlud, dann wollte man weniger den Schriftsteller Graf feiern, sondern sich von ihm, dem eher ungern Weitgereisten, die unübersehbaren Fortschritte bestätigen lassen, die München seither gemacht hatte: 1957 war die Stadt zum »Millionendorf« aufgestiegen, die Bautätigkeit, besonders für Tankstellen, war enorm, und das tägliche Verkehrschaos am Marienplatz erreichte beinahe Weltniveau.

Und dann diese Provokation: Zur feierlichen Lesung im prachtvollen Rokokosaal des Cuvilliés-Theaters erschien Oskar Maria Graf im bayerischen Trachtengewand, in Janker und Lederhose! Man fühlte sich verspottet, *derbleckt,* wie der Münchner sagt, sozusagen in die eigene Provinzialität zurückgestoßen und reagierte tödlich beleidigt. Ein Teil des hochoffiziellen Publikums in festlicher Abendrobe verließ entrüstet den Saal, den der Ehrengast mit seiner »geschmacklosen Sepplhose« zu entwürdigen gewagt hatte. Es war ein Skandal erster Klasse. Graf kommentierte die Szene auf gut bayerisch: »Wann a Inder kommen wär und in seinem Gwand dort lesen dat, würden's eahm sonstwo neikriachn ...« Da war sie wieder, diese rasende Empfindlichkeit der Provinzdiva, die sich vom Chor der Jubelmünchner nur zu gern als Primadonna unter Deutschlands Städten feiern läßt und vor Schreck zur Kenntlichkeit schrumpft, wenn ihr jemand wie Oskar Maria Graf den Spiegel vorhält: »Es ist ein großer Hang zum Überdecken und Vergessen da. Das wird bei jeder Unterhaltung deutlich. Diese Haltung entspricht dem Gehabe von Neureichen. Man redet nicht gern davon, wo man herkommt, und kennt nur ein Bestreben: im Geschäft zu bleiben, nach keiner Seite anzustoßen und doch gleichzeitig von den Ellbogen Gebrauch zu machen.« Ernüchtert und enttäuscht verließ Graf die Stadt und kehrte nach New York zurück: »Ich könnt' auch mit den Leuten hier gar nicht mehr auskommen« – mit jener Clique von Autohändlern, Grundstücksspekulanten und Showflittchen jeglichen Geschlechts, die sich allesamt für die Münchner Gesellschaft halten und, wenn sie nach einem Künstler gefragt werden, den Namen ihres Friseurs oder ihres kosmetischen Chirurgen nennen.

Plötzlich – ausgelöst durch den Eklat um Graf – tauchte jene alte Streitfrage wieder auf, die eine Urmünchner Angelegenheit ist und deshalb überwiegend von den zugereisten Nordlichtern diskutiert wird, die seit dem 19. Jahrhundert das kulturelle Bild der Stadt prägen: Ist München wirklich eine Stadt der Künste? Der Nationalökonom Lujo Brentano machte sich schon 1894 über die »Teilnahmslosigkeit der Münchener« keine Illusionen: »Abgesehen vom Bier ist hier höchstens lebhaftes Interesse für Theater und Kunst – und auch dies nur auf seiten der Eingewanderten und Fremden. Die einheimische Rasse ist etwas entschieden Kulturfeindliches, deshalb auch dem Untergang Geweihtes – ähnlich wie die Sioux in Nordamerika.« Würde er aber ein Fest organisieren, so meinte er, dann könne man »ganz München sehen«. Entsprechend heißt es in Thomas Manns »Betrachtungen eines Unpolitischen« 1918: »München ist die Stadt der angewandten, und zwar der festlich angewandten Kunst und der typische Münchner Künstler immer ein geborener Festordner.« Der nach Berlin abgewanderte gebürtige Münchner Lion Feuchtwanger hielt 1927 im Rückblick selbst das noch für übertrieben: »Es war aber nicht weit her mit dieser Kunst. Vielmehr war sie eine akademische, wichtigmacherische, spießbürgerliche Institution, von einer zähen, dumpfigen und geistig nicht gut gelüfteten Bevölkerung im wesentlichen aus Gründen des Fremdenverkehrs beibehalten.« Wie Lion Feuchtwanger haben sich die meisten Intellektuellen und Künstler an der Behäbigkeit dieser Stadt gerieben und nicht selten erst dadurch ihr höchstes Niveau erreicht: Der Münchner Schlüsselroman »Erfolg« ist Feuchtwangers einziges Buch geblieben, das den Anschluß an die literarische Moderne gefunden hat. In keiner anderen Stadt hätte sich Thomas Mann aus einer konservativen Erstarrung befreien und sich mit der ihm eigenen rigiden Eleganz zum Demokraten entwickeln können. Und ein Künstler wie Frank Wedekind war für seinen Ruhm als Bürgerschreck geradezu angewiesen auf den Spießer, der sich allerdings nur auf behördliche Anordnung erschrocken fühlte. Die zeitlos gültige Schelte der Künstler war jedenfalls berechtigt, und die Einsichtigen wußten das auch. »In München wird zuviel gelobt. Es gibt zuviel Leute, die davon leben, sich gegenseitig für bedeutend zu halten«, schrieb der Essayist Josef Hofmiller 1907 in den konservativen *Süddeutschen Monatsheften* und warnte: »Wir laufen Gefahr, einem Phantom-München zuliebe in eine durch und durch unwahre und unfreie Stimmung zu geraten, ein Gemisch aus ununterbrochenem Festjubel, kurzsichtigem Eigendünkel und billiger Sentimentalität.«

Geholfen hat solche Einsicht freilich noch nie, wie das

Beispiel Thomas Mann zeigt. Was er mit jenen sattsam bekannten ersten beiden Worten seiner Novelle »Gladius Dei« (1902) angerichtet hat, ist ein üppig blühendes und von den Jubelmünchnern sorgsam gepflegtes Mißverständnis. »München leuchtete«. Bis heute haben die Münchner nicht begreifen wollen, daß dieser totzitierte Satz und die ihm in der Novelle folgende Beschreibung des Kunstbetriebs eine höchst sublime Kritik, eine mit ironischem Understatement vorgebrachte, aber um so vernichtendere Beurteilung des Münchner Kunstverständnisses darstellen. Sie lesen einfach den Text nicht. Noch in dem 1986 erschienenen Standardwerk eines Herrn Zorn, »Bayerns Geschichte im 20. Jahrhundert«, heißt es, Thomas Mann hätte »in einem Kapitel (!) der Novelle ›Gladius Dei‹ ... unter dem Titel (!) ›München leuchtet‹ (!) ... ein Stimmungsbild der Stadt und Kunst um 1900« gegeben. Aber was er wirklich schrieb, war eine süffisante Mißbilligung des epigonalen Renaissancekultes, dem die Stadt huldigte: »Überall sind die kleinen Skulptur-, Rahmen- und Antiquitätenhandlungen verstreut, aus deren Schaufenstern dir die Büsten der florentinischen Quattrocento-Frauen voll einer edlen Pikanterie entgegenschauen. Und der Besitzer des kleinsten und billigsten dieser Läden spricht dir von Donatello und Mino da Fiesole, als habe er das Vervielfältigungsrecht von ihnen persönlich empfangen ...« Gegen diesen Münchner Drang zur bloßen Perspektivenschönheit und Kulissenkunst hat Thomas Mann, wie er 1918 schrieb, »zwanzig Jahre in stillem Protest gelebt«, aber es habe durchaus »einen Reiz und Nutzen, in Protest und Ironie gegen seine Umgebung zu leben: Das erhöht das Lebensgefühl, man lebt eigentümlicher und selbstbewußter unter diesen Umständen« (»Betrachtungen eines Unpolitischen«). Lassen wir uns nicht irritieren von seinen gelegentlichen Wutanfällen – »Unser gutes München geht mir – und nicht mir allein – bis daher. Diese Mischung von Stumpfsinn,

Leichtsinn und Schwabingerei ist ekelerregend ...« –, Thomas Mann hat sehr gerne hier gelebt, und es spricht für die bürgerliche Atmosphäre dieser Stadt, daß es ihm möglich war, vierzig Jahre, die Hälfte seines Lebens, hier zu arbeiten und sich zum großen deutschen Schriftsteller herauszubilden. In München hat er die »Buddenbrooks« beendet, hier entstanden die »Betrachtungen eines Unpolitischen« und die ersten beiden Romane »Joseph und seine Brüder«, hier genoß er als geachteter Autor den Ruhm seines Nobelpreises (1929).

Mit der literarischen Moderne in München konnte sich Thomas Mann allerdings nie anfreunden. Er verkehrte mit den Honoratioren, nicht mit der Boheme, und das liederliche Schwabing war ihm geradezu verhaßt. Es wäre übrigens völlig falsch, Schwabing nur für einen Stadtteil von München zu halten, denn erstens ist es viel älter (schon 782 urkundlich erwähnt), und zweitens war es immerhin einmal so etwas wie ein eigener Kontinent, wenn nicht überhaupt ein Gemütszustand. Zwischen Siegestor und Feilitzschplatz (heute Münchner Freiheit) entgleisten die höheren Töchter selig in den Armen reifer Studenten, dichteten sich verkannte Genies in den Ruin und versoffen unentdeckte Philosophen ihren Verstand. Nirgendwo sonst konnte man so ungehemmt delirieren und dilettieren, so ungestört revoluzzen wie in Schwabing. Bis heute gäbe es wohl den am 7. November 1918 ausgerufenen Freistaat Bayern nicht, wenn im längst etablierten Freistaat Schwabing die Schachpartie zwischen Roda Roda und Erich Mühsam anders verlaufen wäre. Diese historische Szene im Café Stefanie hat Roda Roda der Nachwelt überliefert: »Für drei Uhr war Versammlung auf der Theresienwiese angesagt. Ich fragte Mühsam noch: was die Versammlung wolle? ›Ach nichts‹, erwiderte er mürrisch. ›Die Menschen sind ja so dumm ...‹ Dann bot ich Schach und hätte Mühsams König in drei Zügen mattgesetzt, wenn nicht ... wenn nicht Bruno Frank gekommen wäre. Er verschleppte meinen Mühsam in die Nische des Cafés. Dort tuschelten sie heftig. Dann gingen sie zusammen nach der Theresienwiese.« Das Ergebnis ist bekannt: eine Literatenrevolution mit dem Berliner Journalisten Kurt Eisner als Ministerpräsident, der schon vier Monate später, am 21. Februar 1919, auf offener Straße erschossen wurde, und eine - was man heute gern vergißt - erst danach von Erich Mühsam und Ernst Toller ausgerufene Räterepublik, die vom blutigen Terror der sogenannten Ordnungstruppen zerschlagen wird.

Zu den mit Haftbefehl Verfolgten gehörte der Herausgeber der radikalpazifistischen Zeitschrift *Ziegelbrenner*, Ret Marut, der nach einer abenteuerlichen Flucht nach Mexiko als B. Traven weltberühmt geworden ist. Auch Oskar Maria Graf war verhaftet und wurde durch einen Kollegen gerettet, dessen Teilnahme an der Revolution in der Literaturgeschichte behutsam verschwiegen wird: Rainer Maria Rilke. Man hat ihn später zum reinen Poeten stilisiert, aber dieses Bild ist falsch. Rilke nahm an den Massenversammlungen in den Brauhaussälen teil, saß im dicksten Rauch mit den Arbeitern und Soldaten am Biertisch und hörte die Proklamationen mit dem begeisterten Bewußtsein, »daß die Dinge gesagt werden konnten, die endlich an der Reihe sind«. Im Mai 1919 drangen Soldaten und Kriminalbeamte in seine Wohnung Ainmillerstraße 34 ein und verwüsteten sämtliche Räume. Rilke erhielt die Auflage, sich täglich bei der Polizei zu melden. Unter dem Eindruck dieses antidemokratischen Terrors verließ er Deutschland und kehrte nicht mehr zurück. Bis 1919 galt München als weltoffene Metropole mit einem Publikum, das Künstler und Literaten der Avantgarde anzog. Noch im Winter 1916 kam Franz Kafka zu einer Lesung in die Galerie (heute Buchhandlung) Goltz am Dom; dieses einmalige Ereignis hat Max Pulver in seinen Memoiren »Erinnerungen an eine europäische Zeit« festgehalten: »Kafka saß auf einer Rampe am Vortragspult, schattenhaft, dunkelhaarig, bleich, eine Gestalt, die ihre Verlegenheit über die eigene Erscheinung nicht wirklich zu bannen wußte. So las er, schräg gegen sein Pult sitzend, ein unveröffentlichtes Prosastück: ›In der Strafkolonie‹. Wie er sprach, habe ich nie vergessen. Mit den ersten Worten schien sich ein fader Blutgeruch auszubreiten, ein seltsam fader und blasser Geschmack legte sich mir auf die Lippen. Seine Stimme mochte entschuldigend klingen, aber messerscharf drangen seine Bilder in mich ein, Eisnadeln voller abgründiger Quälerei. Nicht nur wurden ein Marterwerkzeug und eine Marter beschrieben in den Worten gedämpfter Ekstase des Peinigers und Vollstreckers. Auch der Hörer wurde in diese Höllenquälerei hineingerissen, auch er lag als Opfer auf dem wippenden Marterbrett, und jedes Wort ritzte als ein neuer Stachel die langsame Hinrichtung in seinen Rücken. Ein dumpfer Fall, Verwirrung im Saal, man trug eine ohnmächtige Dame hinaus. Die Schilderung ging inzwischen fort. Zweimal noch streckten seine Worte Ohnmächtige nieder. Die Reihen der Hörer und Hörerinnen begannen sich zu lichten. Manche flohen im letzten Augenblick, bevor die Vision des Dichters sie überwältigte.«

Zu Beginn der zwanziger Jahre blutete München aus. Zwischen 1918 und 1921 starben viele Autoren, die München geprägt hatten: Frank Wedekind, Max Dauthendey, Heinrich Lautensack, Lena Christ, Ludwig Ganghofer, Oskar Panizza und Ludwig Thoma. Die Beerdigung Frank Wedekinds auf dem Waldfriedhof am 12. März 1918 war auf Jahrzehnte hinaus das letzte literarische Ereignis in München.

Auf seine eigenen Kräfte verwiesen, kam München zu sich selbst zurück und wurde wieder Provinz. Bis zur Mitte der zwanziger Jahre verließen die Stadt in Richtung Berlin: Ödön von Horvath, Bertolt Brecht, Lion Feuchtwanger, Marieluise Fleißer. Es blieben und kamen zu Ehren: der mystisch-religiös schreibende Arzt Hans Carossa, die katholische Lyrikerin Ruth Schaumann, der frühe Nazi Josef Magnus Wehner, der Priester Peter Dörfler, dessen Bauernromane innerhalb kürzester Zeit das 800. Tausend erreichten. Sie alle erhielten den neugeschaffenen Münchner Dichterpreis. »Früher hatte die schöne, behagliche Stadt die besten Köpfe des Reiches angezogen« – schreibt Feuchtwanger in seinem Schlüsselroman »Erfolg« –, »wie kam es, daß die jetzt fort waren, daß an ihrer Stelle alles, was faul und schlecht war im Reich und sich anderswo nicht halten konnte, magisch angezogen nach München flüchtete?« Die blutige Umgestaltung des Freistaats in die »Ordnungszelle Bayern« hatte eine vergiftete Atmosphäre geschaffen, in der Autoren wie Brecht oder Toller keine Chance mehr hatten. Der Mann der Stunde, der als angehender Kunstmaler 1912 in die Stadt gekommen war, hieß Adolf Hitler. Gemeinsam besuchten Bertolt Brecht und Lion Feuchtwanger noch seine Krawallkundgebungen im Zirkus-Krone-Bau, hielten ihn aber nur für ein Kuriosum und hatten durchaus ihre Schaulust an der bierdumpfen Begeisterung, mit der – unter den Augen eines unfähigen und untätigen SPD-Bürgermeisters – die Massen seine Tiraden gegen das »Versailler Diktat« aufnahmen.

Die Leute kamen jedoch nicht nur, um Hitler, sondern auch den beliebten Münchner Plattkomiker Weiß Ferdl zu hören, der die Nazis bei allen Auftritten kräftig unterstützte. Dessen Gegenpol, der hintersinnige Karl Valentin mit der Fragezeichenfigur, wurde Jahre später einmal dem Führer vorgestellt. »Ich habe schon viel über Sie lachen müssen«, sagte Hitler. »So, ja, ich über Sie nicht«, war die trockene Antwort. Als Politiker nahmen die Intellektuellen Hitler auch nach einem Putschversuch 1923, der in »barbarischer Komik« (Feuchtwanger) scheiterte, nicht ernst. »Heute hörte ich im Laden«, schrieb Joachim Ringelnatz an seine Frau, »daß in Bayern Umsturz ist, was geht uns die Politik an!« Aber um die Literatur machte man sich Sorgen. Zu Recht, denn mit den Autoren wanderten die wichtigen Verlage ab. Das literarische Leben ging an München vorbei. Die Moderne hatte ein kurzes Gastspiel gegeben und war vorüber. Man sprach über verpaßte Chancen. »Bleibt München Kulturzentrum?« fragte Ende 1926 ein Symposion, zu dem Thomas Mann die Eröffnungsrede hielt: »Es gärt in München. Ein Joch will abgeschüttelt sein, das auf der Stadt liegt, das sie niederhält, herunterbringt, ihren Namen, diesen einst guten, gastlichen, freien und frohen Namen geschädigt hat bei Deutschen und Fremden. Seien wir offen, meine geehrten Zuhörer! Es hat Jahre gegeben, wo uns Wahlmünchnern - und ich denke, nicht nur uns - bei Erörterung des Zustandes, der seelischen und geistigen Verfassung der Stadt nicht wohl sein konnte, wo wir die Augen niederschlagen mußten, ja, uns fragten, ob hier eigentlich schicklicherweise länger zu leben sei ... Gemüt und ›Mir san gsund!‹ - damit allein wird München seine Stellung in der Welt nicht halten oder nicht zurückgewinnen, auch als Kunststadt nicht.« Solch kritische Töne wollte man nicht hören. Ohnehin nahm das Bürgertum Thomas Mann übel, daß er für die ungeliebte Weimarer Republik eintrat; nach seiner Rede »Von deutscher Republik« 1922 schrieb er in einem Brief: »Hier in München zumal habe ich mich geradezu unmöglich gemacht.« War er zuvor vom literarischen Leben der Stadt isoliert gewesen, weil er die Moderne brüsk ablehnte, so stand er jetzt allein, als er deutlich Münchens geistigen Verfall kritisierte. Die Antwort waren jahrelange Angriffe in den *Münchner Neuesten Nachrichten* und in den *Süddeutschen Monatsheften*, die ihn schließlich 1933 aus der Stadt vertrieben. Den äußeren Anlaß dazu gab sein Vortrag »Leiden und Größe Richard Wagners«, den er auf Einladung der Goethe-Gesellschaft am 10. Februar 1933 - also wenige Tage nach der Machtübergabe an Hitler - in der Münchner Universität hielt.

In dieser Rede betonte Thomas Mann, es sei »durch und durch unerlaubt, Wagners nationalistischen Gesten und Anreden den heutigen Sinn zu unterlegen«; im Gegenteil war für ihn Wagner »sein Leben lang mehr Sozialist und Kulturutopist im Sinne einer klassenlosen ... Gesellschaft, wie er sie sich als das ideale Publikum seiner Kunst erträumte, denn Patriot im Sinne des Machtstaates«. Nach diesem deutlichen Affront gegen den neuen Staat und das bürgerliche Publikum reagierte zunächst der Rotary-Club, der Förderung humaner Ziele verpflichtet, mit dem Ausschluß seines Gründungsmitglieds Mann; wenige Tage später, am 16. April, erschien in den *Münchner Neuesten Nachrichten* der offizielle »Protest der Richard-Wagner-Stadt München«, in dem von einer Beleidigung Wagners durch Manns »ästhetisierenden Snobismus« die Rede war und ihm mit dem Hinweis auf seine demokratische Wandlung »das Recht auf Kritik wertbeständiger deutscher Geistesriesen« abgesprochen wurde. Zu den 45 Unterzeichnern dieses »Protestes« gehörten der Dirigent Hans Knappertsbusch, der Komponist Richard Strauss und der Zeichner Olaf Gulbransson. Thomas Mann, der sich auf einer Reise nach Amsterdam befand, kehrte nicht mehr nach Deutschland zurück: »Ich kann nicht wieder unter Menschen leben, die ihres nationalen Rausches so wenig Herr waren ...« Bittere Ironie: Die Vertreibung Thomas Manns geschah im Namen jenes Richard Wagner, den die Münchner wegen seines verderblichen Einflusses auf ihren Märchenkönig Ludwig II. 1865 aus der Stadt gejagt hatten. Nun konnten sie sich ungestört tausend Jahre lang im völkischen Dreck suhlen.

Das Erwachen aus dem nationalen Rausch in der ehemaligen »Hauptstadt der Bewegung« war furchtbar. Halb München war zerbombt, die Altstadt fast völlig vernichtet. Von rund fünfhunderttausend Einwohnern 1945 waren dreihunderttausend obdachlos. Dann kam der Zuzug der Flüchtlinge und Evakuierten aus dem ganzen Reich; die Bevölkerung Münchens wuchs bis 1947 um 284 000 Einwohner, hungernde, im Freien kampierende Elendsgestalten.

Und dennoch: Hier in München beginnt die deutsche Nachkriegsliteratur. Im seltamerweise unbeschädigt gebliebenen Gebäude des *Völkischen Beobachters* in der Schellingstraße installierten die Amerikaner unter der Leitung von Hans Habe die überregionale *Neue Zeitung*, die dank ihrer unverblümten Offenheit rasch eine Auflage von 2,5 Millionen und einen täglichen Eingang von sechshundert Leserbriefen erreichte. Das war vor allem das Verdienst einer hochrangigen Redaktion: Chef der Abteilung Innenpolitik war Robert Lembke, das Wissenschaftsressort verwaltete Hildegard Brücher, die bald in die Politik ging; als Chefreporter reiste Walter Kolbenhoff durch die Besatzungszonen. Erich Kästner leitete das Feuilleton, und als sein Assistent arbeitete Alfred Andersch. Zusammen mit Hans Werner Richter gründete Andersch 1946 eine eigene Zeitschrift: *Der Ruf. Unabhängige Blätter der jungen Generation.* Während die Amerikaner bereits das besiegte Deutschland in ihr Machtkalkül des Kalten Krieges einplanten, formulierten hier junge, im Krieg erwachsen gewordene Männer selbstbewußt ihre eigenen Vorstellungen von einer deutschen Zukunft in der Einheit Europas. Ihre sozialistisch-humanistischen Positionen mußten rasch mit der Realpolitik der Sieger kollidieren, denen auch der Erfolg des *Ruf* unheimlich zu werden begann: Die Zeitschrift hatte über einhunderttausend Abonnenten, in einzelnen Städten bildeten sich *Ruf*-Kreise, die den Herausgebern die Gründung einer *Ruf*-Partei antrugen. Nach dem 16. Heft wurde der Zeitschrift im April 1947 die Lizenz entzogen. Da man kein Publikationsorgan mehr hatte, lud Hans Werner Richter seine Mitarbeiter im September zu einem Treffen ins Haus einer Bekannten nach Bannwaldsee bei Füssen ein, wo man sich die mitgebrachten Manuskripte vorlas und sie diskutierte. So entstand die Gruppe 47.

Es war ein Neuanfang, der bald zur Legende wurde. Keine andere Gruppierung hat die Entwicklung der Nachkriegsliteratur in vergleichbarer Weise mitbestimmt. In der engen Nachbarschaft der Schellingstraße - Andersch wohnte Nr. 39, Kolbenhoff Nr. 48 - diskutierte man die Ziele der neuen Literatur. Da trafen sich Wolfgang Weyrauch, dessen Wort vom »Kahlschlag« zum Programm der ganzen Generation wurde, Horst Lange, Wolfdietrich Schnurre, Hermann Kesten, Milo Dor, Günter Eich und viele andere. So besoffen war man von moderner Literatur, daß man nicht merkte, wenn der listige Günter Eich, zu später Stunde um eine kleine Lesung gebeten, mit seiner melancholischen Stimme das Inhaltsverzeichnis eines beliebigen fremden Gedichtbandes vortrug.

Die Stadt profitierte von den Zugereisten und wurde wieder zum Mittelpunkt der Avantgarde, an deren experimentelle Formen Wolfgang Koeppen mit seinem München-Roman »Tauben im Gras« (1951) anknüpfte. Die Gruppe 47 förderte diese Tradition der Moderne keineswegs; im Gegenteil, schon 1947 proklamierte Andersch, daß »jeder Versuch, dort wieder zu beginnen, wo 1933 eine ältere Generation ihre kontinuierliche Entwicklungsbahn verließ, um vor einem irrationalen Abenteuer zu kapitulieren ... wie eine Paradoxie« wirken müsse. War das eine politische Entscheidung, oder - wie auch behauptet wurde - wollte sich die Gruppe 47 nur eine Vorrangstellung auf dem noch hart umkämpften, weil von Lizenzen, also auch von Papierzuteilungen abhängigen Buchmarkt sichern? Immerhin hatte dieser »Kahlschlag« zur Folge, daß wichtige Exilautoren wie Lion Feuchtwanger oder Heinrich Mann noch jahrelang keinen Verlag und kein Gehör fanden.

München entwickelte sich nach 1945 zum Sammelbecken der jungen Schriftsteller und ist es auch heute noch. Keine andere deutsche Stadt hat so viele Verlage. Und in den fast dreihundert Buchhandlungen gibt es in manchen Wochen mehr Autorenlesungen als in Hamburg im ganzen Jahr. Dadurch ist das Publikum kritischer und anspruchsvoller als anderswo. Die vielbelästerte »Schickeria« - diesen glücklichen Namen verdankt sie dem Gelegenheitsmünchner Gregor von Rezzori - hat mit dem literarischen Leben Münchens wenig zu tun, obwohl es zuweilen so aussieht, als hielte sich eine Clique von Freizeitintellektuellen den Dichter Herbert Achternbusch als eine Art Hofnarr - tatsächlich ist es genau umgekehrt. Er bleibe so lange, hat er gedroht, bis man es der Stadt ansehe. Soweit ist es glücklicherweise noch lange nicht.

Klaus Piper

IN MÜNCHEN LEBEN

Was zieht alle Welt nach München? Ist es das Leben mit der Kunst? Sind es die Berge? Oder ist es diese sehr spezielle Ausprägung eines sinnenfrohen Katholizismus? Klaus Piper hat den Magnetismus der Stadt in der eigenen Familie erlebt: Sein Großvater war aus Mecklenburg gekommen, der Vater hatte das Unternehmen gegründet – heute ist der Piper Verlag eine Institution, deren Geschichte nicht nur in München spielt, sondern selbst typisch münchnerisch ist.

München verdankt seinen Magnetismus einem Bündel von Faktoren, deren jeder einzelne bemerkenswert wäre, die aber erst in ihrem Zugleich, ihrem Ineinanderwirken jenes »Etwas« erzeugt haben, das die Attraktivität dieser Stadt ausmacht – das Menschen und Unternehmen aus so vielen Himmelsrichtungen hergeführt hat. Die Lage in einer der schönsten voralpinen Landschaften und die Fülle von Werken und Einrichtungen der Kunst und Wissenschaft wären für sich schon Magnete. Aber erst die bajuwarisch-katholische Grundstimmung von Tradition und Behagen, von Eigensinn und barocker Modernität erfüllen die Voraussetzungen für den Begriff »München«.

Die Seele dieser Stadt offenbart sich im Föhn, jenem rätselhaften, aus dem südlichen Nachbarland kommenden Wind mit Druckabfall, elektrischer Ladung und einem Himmelsglanz, der mit dem von Neapel zu wetteifern vermag. Der Föhn - ein Phänomen der Atmosphäre und ein Zustand - ist aufregend, er steigert das Lebensgefühl, fordert das innere Gleichgewicht heraus. Er macht müde und heftig, reizbar und produktiv, Auto- und Kreislauflabilen ist er gefährlich, Kinder werden aufsässig oder erfinderisch, junge Frauen verschönt er. Der Föhn trägt den Malzduft der Brauereien aus der Hauptbahnhofgegend bis weit hinaus in die nördlichen Stadtteile. Junge Revolutionäre läßt er bedenklich zwischen Kaderarbeit und Lebensgenuß am »Boulevard Leopold« schwanken.

Der Magnetismus Münchens - das bedeutet Leichtigkeit der menschlichen Kontakte. Der Norddeutsche oder der Ausländer, der hierher kommt, hat es nicht schwer, gleichgesinnte Freunde zu finden. Ein lockereres, vorurteilsloseres Miteinander-Umgehen der Menschen als anderswo, eine Neugierde auch für Dinge, die man selbst nicht betreibt - das war schon im vorigen Jahrhundert eine fruchtbare Voraussetzung dafür, daß München ein Sammelpunkt für wissenschaftliche und künstlerische Potenzen aus vielen Himmelsrichtungen wurde. Wir brauchen nur an die berühmten »Nordlichter« zu denken, die König Maximilian II. in seine Hauptstadt berief. Oder Richard Wagner, Ibsen, Thomas Mann, Bert Brecht, Lenin, Max Weber, Justus von Liebig, Max Planck, die Maler Marc und Kandinsky - es sind nur wenige Namen aus einer riesigen Liste von berühmten Wahlmünchnern -, sie fühlten sich hier produktiv angeregt, eben weil Atmosphäre und Rhythmus, weil die Möglichkeiten dieser Stadt sie förderten.

Ein Hauptzug der Anziehungskraft Münchens war und ist seine Liberalität, eine Bereitschaft für Neues, Kühnes, auch »Verrücktes«. Diese Liberalität ist allerdings einmal zu weit gegangen - indem »sie« den deklassierten Kleinbürger

Schicklgruber, alias Hitler, »zugelassen« hat und ihm vielfache Duldung und Förderung angedeihen ließ. An seinem zu furchtbarstem Ausmaße gesteigerten Erfolg kann selbstverständlich nicht die Liberalitas Münchens hauptschuldig gemacht werden. Aber wir wollen und dürfen auch die Rolle der »Hauptstadt der Bewegung« nicht vergessen.

Ich verdanke meine Münchner Mitbürgerschaft der Tatsache, daß mein Großvater, Otto Piper, Jurist, Bürgermeister einer kleinen mecklenburgischen Stadt, nach einigen Jahren in Konstanz in das größere, ihm mehr Anregungen versprechende München gezogen war, das ihm auch einen guten Ausgangspunkt bot für seine Streifzüge zu den Burgen Süddeutschlands, der Schweiz und Österreichs. Mein Großvater hatte aber schon als Student 1862 München kennengelernt. In seinen Erinnerungen heißt es:

»Die beiden Pinakotheken und das Siegestor lagen noch außerhalb der Stadt auf freiem Felde, und nach dem damaligen ärmlichen Landstädtchen Schwabing – nach welchem heute (»heute« ist: nach der Jahrhundertwende – K. P.) sprichwörtlich gewordenen Künstlerquartier großstädtischen Anstrichs eine Reise zu unternehmen aber niemand Anlaß haben konnte – führte ein Weg nur zwischen Korn- und Kartoffelfeldern hin. Der Maximiliansplatz war eine Sandwüste, welche als Dult- und Exerzierplatz diente. Die stolze Maximilianstraße wurde erst eben durch ein Gewirre kleiner Häuser durchbrochen, und das an derselben erbaute Kaffeehaus imponierte den darin nicht verwöhnten Münchnern durch seine Größe und prächtige Ausstattung so, daß es wagen konnte, für die Tasse Mokka einige Kreuzer mehr zu nehmen als die übrigen. Das jenseits der Isar ansteigende Ufer war, anstelle der jetzigen schönen Ausgestaltung, noch eine pfadlose Wildnis, an welcher oben ein einsamer Feldweg hinlief ... Das Reiterstandbild Ludwigs I. war noch goldig glänzend, eben enthüllt worden, und es war mir begreiflicherweise sehr interessant, einmal den König, der sonst nach seiner Abdankung meist in Italien lebte, ohne Begleitung an demselben vorübergehen zu sehen.«

Mein Vater Reinhard Piper war als Gymnasiast nach München gekommen. Nach buchhändlerischen Wanderjahren in Dresden und Berlin gründete er in München seinen Verlag. Nicht nur ihm hatte sich München als verlegerische Stadt angeboten, auch andere junge, ambitionierte Verleger hatte es hierher gezogen, zum Beispiel Georg Müller, Albert Langen, Kurt Wolff.

Meine Mutter Gertrud Engling stammte aus Ostpreußen und bezog als junge Malerin nach der Königsberger die Münchner Kunstakademie. Schon an einem ihrer ersten Münchner Tage wurde sie von einer Kunstgenossin zum *jour fixe* des jungen Verlegers Reinhard Piper (mit Brezeln, Tee und Bier) mitgenommen. Noch kurz vor ihrem Tode erzählte sie mir, welch große Enttäuschung es für sie gewesen sei, bei den ersten Ausflügen ins oberbayerische Land mit den Augen in lauter intensivem Grün zu ertrinken. Sie hatte sich vom deutschen Süden italienisch-starke »Lokalfarben« erwartet, hat dann aber doch in pastosen Landschaftsbildern das bayerische Leuchten festgehalten.

München als Anziehungspunkt und Ausstrahlungszentrum – dafür einige Beispiele aus der verlegerischen Arbeit meines Vaters.

Der in und um München konzipierte »Blaue Reiter« wurde zum Signal für eine neue Kunstbewegung, die geistige Folgen für die ganze Welt hatte. Der russische Maler Kandinsky war ihr Protagonist. Jahrzehntelang arbeitete in völliger Zurückgezogenheit in der Steinsdorfstraße an der Isar die Baltin Less Kaerrick E. K. Rahsin an der Riesenaufgabe der deutschen Übersetzung des Gesamtwerkes von Dostojewski. Nicht nur die bekannten roten Dostojewski-Bände versandte Reinhard Piper von München aus an Deutschlesende in aller Welt, sondern auch die Reden Gautama Buddhas in der kongenialen Übersetzung von Karl Eugen Neumann und Publikationen über Künstler aus allen Zeiten. Wer sich dafür näher interessiert, dem möchte ich die Autobiographie Reinhard Pipers (»Mein Leben als Verleger – Vormittag, Nachmittag«) ans Herz legen.

Bilder aus meinem eigenen bewußten Leben in München stellen sich ein. Eine frühe, lastende Erinnerung: Wir wohnten während meiner Kindheit in der Schwabinger Hiltenspergerstraße, in einer hellen, geräumigen Wohnung im vierten Stock. Das Schlafzimmer meines Bruders und von mir ging nach hinten hinaus und gab den Blick frei auf die Kasernen. In München (1919) war die Räteregierung im Kampf mit den »Weißen«. Ich sah aus dem Fenster. Ein Radfahrer schob sein Rad – die Straße war menschenleer – dicht an der Wand der in der Mitte meines Blickfeldes befindlichen Kaserne. Er zögerte einen Moment, bog dann aber um die Ecke des Gebäudes. Plötzlich fiel er, wie ein Stein aufschlagend, mit seinem Rad um. Ein kaum hörbarer Schuß hatte ihn niedergestreckt. Ein Wirbel der Empfindungen überfiel mich. Wer hatte geschossen? Ich konnte es nicht sehen. Warum wurde ein Mensch, der eine Sekunde vorher lebendig gewesen war wie ich, getötet? Der am Boden Liegende wurde bald, nachdem er gestürzt war, fortgeschafft. Ich, ein achtjähriger Bub, konnte nicht ausmachen, von welcher »Partei« die Leute waren, die den leblos Daliegenden wegbrachten. Das Ganze spielte sich vielleicht 300 Meter von meinem Fenster entfernt ab. Ich habe nie mehr als Augenzeuge die Tötung eines Menschen unmittelbar miterlebt, außer vor einigen Jahren beim furchtbar krachenden Aufprall eines Autos auf ein Motorrad an einer bayerischen Landstraßenkreuzung.

Bilder aus meiner Münchner Schulzeit, aus Jahren der Jugend. Eine zentrale Figur in meines Bruders Martin und meinem Freundeskreis: Fips, der enthusiastische Kenner von Literatur und Musik, heute Herr über ein kleines Antiquariat, das ganz Ausdruck seines Wesens ist; sein Vater, Schauspieler, halb polnischer Herkunft, erinnerte uns an Nietzsches Stolz auf dessen vermutete polnische Abstammung. Dann die »Münchs«, Schulgenossen, deren Elternhaus durch die elementare Musikalität und elsässische Genußfähigkeit des Vaters bestimmt war und uns jungen Leuten wie das eigene Zuhause offenstand. Der junge schwedische Pianist Gunnar war eben von Cortot aus Paris gekommen; Beethovens Chor »An die Freude« parodierte er hinreißend am Klavier. Und Robert, der angehende Chemiker und scharfe naturwissenschaftliche Denker, der versuchte, mich von der Notwendigkeit des »Kulturprozesses« als historisch-materialistischem Gesetz zu überzeugen. Wir gingen auf Stehplätze in die großen Konzerte. Fast immer konnten wir triumphierend unsere Stehplätze in Sitzplätze ganz vorn umwandeln. Selten war damals ein Konzert ausverkauft.

Ich gedenke derer, die uns bei den abendlichen Zusammenkünften im »Steinicke« oder im »Simpl« durch ihren Witz animierten, durch originelle Urteile und Erzählungen in Bann zogen, ohne daß ihnen so etwas wie eine erfolgreiche Karriere beschieden gewesen wäre. Als einer für manch andere möge hier Hans Carossa stehen, der nicht alt gewordene, von Jugend an durch ein schweres Hüftgelenkleiden behinderte Sohn des Dichters. Diesen anonymen Beiträgern zum Welttheater München flicht die offizielle Nachwelt keine Kränze. Aber im metaphysischen Sinn werden sie in und mit unserer Stadt weiterleben. Das waren keine »Originale«, sondern Menschen von großer natürlicher Begabung. Sie hatten keinen äußeren Ehrgeiz, sondern investierten ihre Einfälle und Energien in das Kunstwerk Leben selbst. München ermöglichte sie durch das Milieu der Toleranz, der Lebensfreude, der Lust am Spiel, das sie so in keiner anderen deutschen Stadt hätten finden können. Natürlich war Berlin in den zwanziger Jahren die führende deutsche Stadt, aber dort war alles doch viel bewußter-aktiv, Wettbewerb und Erfolgsstreben beherrschten die Szene. In München genügte tüchtige Korrektheit allein nicht, um »anzukommen«: Man mußte Persönliches dazugeben können.

München ist heute, mit bald 1,5 Millionen Einwohnern, auf dem Wege von der Großstadt zur Weltstadt. Schnellstraßen durchziehen den Körper der Stadt, die moderne Bautätigkeit läßt Gebilde überall aus dem Boden schießen, die sich in nichts von denen anderer Städte heute unterscheiden. Ist die einstmals so attraktive »königlich-bayerische Ruhe« in der bayerischen Hauptstadt noch zu finden? Man muß die Entschlußkraft aufbringen, sie sich selbst zu schaffen. Was aber die Chance hat zu bleiben, ist der Grundton: Die Münchner Lebenssubstanz ist von Haus aus nicht intellektuell, sondern plastisch-komödiantisch, malerisch und musikalisch mehr als literarisch oder analytisch-reflektiv.

Durch seine ländliche Prägung unterscheidet sich München von dem andersartigen »kaiserlichen« Grundmuster Wiens, der anderen alpinen Hauptstadt deutscher Sprache. Als ich den österreichischen Schriftsteller Bruno Brehm einmal fragte, ob er sich in München wohl fühle, sagte er nach kurzem Überlegen: »Wenn schon München, dann lieber Wien.« Der Sohn eines k. u. k. Offiziers vermißte die zurückhaltend-herrenhaftere Gebärde der Straßen und Paläste im Wiener I. Bezirk, die weit in den Osten der Donauländer weisende Perspektive Wiens. Der Widerspruch zwischen historischem Anspruch und enger, »schwierig« gewordener Gegenwart hat in Wien hellsichtige Geister auf den Plan gerufen, von Nestroy mit seinem bösen Wort »Der Mensch ist gut, aber die Leut san a Gsindel« bis zu den tiefen Erkundern menschlichen Bewußtseins, Sigmund Freud und Robert Musil.

Daß aber auch München das wachste Gefühl für den grausigen Abstand von offizieller Macht-Attitüde und elenden Resultaten mißlungener Geschichte eingeben konnte, bezeugt wohl die folgende Geschichte, die sich mit Karl Valentin zugetragen hat. Zeit: bald nach dem Ende des Zweiten Weltkrieges. Ort: das Siegestor in München, hinter dem Schwabing beginnt. Das Siegestor war durch Bombentreffer schwer beschädigt. Die Trümmer der zerschmetterten Steinlöwen lagen auf der Straße herum. Endlich kam ein Kran, um erste Aufräumungsarbeit zu leisten. Schaulustige standen da, den eben vergangenen schlimmen Zeiten, in die alle verstrickt waren, nachsinnend. Einige Leute erkannten Karl Valentin, der des Wegs daherkam, und einer sagte zu ihm: »Herr Valentin, was sagen Sie jetzt zu diesem desolaten Anblick, wie das Siegestor ausschaut?« Valentin denkt kurz nach und antwortet: »Ja mei, 's is halt schad, daß es so wenig verwendet worden ist, das Siegestor.«

Ein Stück von Karl Valentin heißt »Sturzflüge im Zuschauerraum«. München ist ein Stück Welttheater, in dem man Höhen- und Sturzflüge unternehmen kann, mit der Aussicht noch auf manche weiche Landungen. Deshalb möchte ich mit einem freundlichen Münchner Idyll schließen, den »Standl-Frauen« an der Leopoldstraße, die, unbekümmert von dem sie umbrandenden Autogehupe und Straßenbahngeklingel, den Passanten, und jedesmal mit einem persönlichen Wort, Levkojen, gelbe Ringelblumen, Vergißmeinnicht und Astern in jeder nur möglichen Farbkombination aushändigen. Eine Blumenfrau wurde jahrelang von ihrem Hahn begleitet, der wie ein treuer Wachhund den ganzen Tag neben ihr stand. Hin und wieder stolzierte er, unbekümmert von Menschengedränge und Autogehupe, vor dem Stand seiner Herrin auf und ab, wobei er sich stets zu ihr umwandte. Die Aufmerksamkeit der Passanten war so zwischen dem selbstbewußten Tier und den Neuerscheinungen von Münchner und anderen deutschen Verlagen im Fenster der »Lehmkuhle« (der alteingesessenen Schwabinger Buchhandlung) geteilt.

Vivat Monachium!

Georg Schneider

ER KAM NICHT BIS ZUR LEOPOLDSTRASSE

Wo die Kunst ihre Ansprüche stellt, da ist Scheitern möglich. Und manchmal wächst es sich zur Katastrophe aus. Zum Beleg erzählt Georg Schneider die kurze Geschichte vom Wunderlauf des Literaten und Satirikers Oskar Panizza im Jahr 1904.

Eigentlich waren es nur ein Zylinder und ein Spazierstock mit silbernem Knopf, die dort an der Feldherrnhalle aufbrachen und die Ludwigstraße hinabgingen. Sie gehörten einem schlanken Herrn, der daherkam, wie ihn die Natur geschaffen hatte, völlig nackt und nüchtern-stolz. Er hatte ein leidenschaftliches Pamphlet gegen das Haberfeldtreiben geschrieben, eine Chronique scandaleuse, und nun richtete sich der barbarische Brauch gegen ihn. Eine Mauer um mich baue, bat er insgeheim, ganz gleich, ob es eine Gefängnis- oder eine Irrenhausmauer ist! Seine Angst trieb ihn zu der seltsamen Bitte, und so lief er splitternackt die Ludwigstraße hinunter, dem Siegestor entgegen. Kutschen fuhren vorüber, der Verkehr wogte, man blieb stehen, wandte sich ab und hob das Lorgnon zum Auge, um Zeuge des ungewöhnlichen Schauspiels zu sein. Den Märtyrer und sein Bambusstöckchen kümmerte das alles nicht. Er schritt würdig fürbaß. Man schrieb das Jahr 1904, und es war nicht närrischer als die anderen auch. Einen Tag ohne Fasching, das wäre der schönste Fasching auf Erden, dachte der nackte Mann, und doch fuhr er zusammen, als er die klappernden Hufe der Polizeipferde hörte. Man packte ihn, warf eine Decke über seine arme Haut und wartete den Krankenwagen ab. Das Geschrei hatte sich gelegt, die Blicke der Lustwandelnden tasteten andere Gegenstände ab, Beine und Brüste, Garderoben und Schwalanschers. Ein freundlicher, ein hilfsbereiter Arzt stellte fest: Paranoia. Der nackte Mann war verschwunden. Da saß er nun im Irrenhausgarten unter einer Platane und übersetzte Aristophanes. Sein »Liebeskonzil« war längst vom Papst Zensur, dem Alten, und von den Kardinälen geschlossen. Er war in seine vorletzte Einsamkeit aufgebrochen, es war sein Marsch von der Feldherrnhalle aus, auch ein mißglückter, auch er kam wie die späteren Marschierer nicht bis zur Leopoldstraße. Hinter seinem Siegestor lagen die Jahrzehnte, die auf ihn zukamen, lag der Irrenhausgarten. Von wem die Rede ist? Von Oskar Panizza, 1853 geboren in Kissingen, 1921 gestorben im Narrengefängnis auf der Herzoghöhe bei Bayreuth. An einem schönen Oktobertag geschah sein Wunderlauf. So blieb er im Gedächtnis der Menschen und Gottes. Ein alter Freund erzählte eines Abends in der Torggelstube: »Ich habe gestern Panizza besucht. Es geht ihm ausgezeichnet. Er ist der vernünftigste Mensch auf dieser Erde. Und er arbeitet.« Es war Frank Wedekind. Oskar Panizza, der Antibürger, Pächter einer polternden Moral in der Mühsal des Lebens. Sein Himmel war nicht auf Erden. Sie vergaß ihn, und seine Arbeiten verschlang der Höllenschlund.

Doch höllisch brannten sie schon immer.

NATUR
ERLEBEN

Stadt, Land, Fluss

Max Scharnigg

DRAUSSEN VOR DER GROSSEN STADT

Max Scharnigg nennt es den »Goretex-Exodus« – die große Sehnsucht der Münchner nach der Natur und der Bergwelt im Süden ihrer Stadt. Wer am südlichen Stadtrand und nahe der Autobahn lebt, zahlt gern auch eine etwas höhere Miete. Weil er dann am Samstag im Stau diesen entscheidenden Vorsprung hat.

Spricht ein Münchner von seinem Umland, meint er meist nur die Hälfte davon. Er meint das Land zwischen Rosenheim und Garmisch, wo die Eiszeiten jene Berge geformt und Seen hinterlassen haben, die maßgeblich schuld an der Lebensqualität der Stadt sind, an den hohen Mieten und den sonntäglichen Staus auf den Ausfallstraßen. Natürlich gibt es auch nördlich der Stadt ein Umland. Da wachsen der Hopfen und der Spargel, da sind die großen Einkaufsparks, und da werden die Autos gebaut, mit denen die Münchner dann wieder lieber zu den Wanderparkplätzen und Yachthäfen Richtung Süden fahren. Im Hinterland wird produziert, vorn, im Oberland, wird promeniert. Das gilt mindestens, seit Baurat Himbsel in den 1850er Jahren die ersten Gleise Richtung Starnberger See verlegen ließ und etwas später die Städter am Tegern- und Staffelsee anrückten – aus Beweggründen, die bis heute die gleichen sind: Berge, Bier, Barock!

Noch drei weitere essenzielle Zutaten liefert das Oberland für das Münchner Lebensgefühl. Zum einen den Föhn, jenen trockenen Fallwind, der die Stadt oft in besonderem Licht und die Berge ganz nah erscheinen lässt. Dann das ausgezeichnete Trinkwasser. Wenn Münchner in die Welt hinausziehen, vermissen sie noch vor ihrem Brot das Leitungswasser, das bei ihnen auch im vierten Stock als herrlich frischer Bergquell aus dem Hahn kommt.

Mit diesen beiden Vorzügen hat auch der dritte Einfluss des Umlands zu tun, das ist der Freizeitstress. Welcher Berliner oder Kölner würde sich von dem, was jenseits seiner Stadtgrenzen liegt, in Unruhe versetzen lassen? In München geht das schon Freitagabend los. Dann wird in den Kneipen und an den Biergartentischen der Stadt wie nebenbei nach den Wochenendplänen gefragt, dann sind geheime Gipfel, gute Badestellen am Wörthsee oder die perfekte Alm, von der man bis zum Großglockner sieht, die harte Währung der Unterhaltung. Wer nicht wenigstens ein bisschen mitreden kann, über die Skilifte am Brauneck oder diese eine noch nicht gentrifizierte Wirtschaft am Westufer des Würmsees (so sagt man richtig zum Starnberger See), der ist nicht ganz drin.

München ist wohl die einzige Stadt, wo man in den Clubs nicht ausgelacht wird, wenn man früh heimgeht, weil am nächsten Tag gewandert wird. Der Berg ruft jedes Wochenende bis weit nach Schwabing hinein und bringt auch überzeugte Urbanisten dazu, ein schlechtes Gewissen zu entwickeln, wenn sie es trotz stabilen Hochdruckwetters wieder nur bis zum Supermarkt geschafft haben. Es ist keine einfache Stadt für Tagträumer und Flaneure, München hat sich dem Marken-Image von BMW angepasst: sportliche Dynamik, Freude am Rumfahren. Und wehe, man beschwert sich darüber – es warten ja genug Anwärter, die den Platz beziehungsweise die Zweizimmerwohnung sofort einnehmen, wenn man nicht mehr mag.

Vielleicht ist es dieser wöchentliche Goretex-Exodus, der viele Münchner irgendwann gleich ganz ins Umland ziehen lässt. Näher an die Berge oder zumindest näher an die Autobahn, um wenigstens einen kleinen Vorsprung zu haben beim wöchentlichen Run ins Erlebnis. Viele Münchner, egal ob zugezogen oder originär aus der Stadt, haben ein bisschen Umland in ihrer Biografie: Nach einer internationalen Orientierungsphase, gefolgt von einer angenehm in Haidhausen / Lehel / Glockenbach / Giesing / Au verbrachten Dekade, kommt das Eigenheim im Speckgürtel von München. Das Stadtleben kann man ja auch aus dreißig Kilometern weiter links oder rechts im Auge haben. Die Umland-Dörfer im Speckgürtel ähneln sich. Sie haben zumeist eine ing-Silbe am Ende ihres Namens, davor wird ein bisschen variiert: Weßling, Gauting, Aying, Tutzing, Germering, Feldafing, Gräfelfing und so weiter. Verschieden ist eigentlich nur der Winkel, in dem man von dort auf die Alpenkette blickt.

Das wahre Oberland beginnt erst jenseits der Isarcard, mit der die ing-Bewohner im Nahverkehrsnetz unterwegs sind, dort, wo tatsächlich noch Bayrisch gesprochen, nicht nur »Servus!« gesagt wird. Dort, wo es immer noch so aussieht wie bei Ludwig Thoma, zumindest wenn man sich die Paraglider, Schneekanonenreservoirs und Kreisverkehre wegdenkt, die vor jedem Ortsschild entstanden sind – in Tateinheit mit einem Supermarkt. Die Landschaft wirft Blasen, niedliche Moränenhügel und Drumlins erst, nicht höher als ein Haus, dann kommen die kleinen Riegel, bis oben noch sanft bewaldet, und schließlich die richtigen Zornfalten der Erdkruste, wo sich einst die tektonischen Platten in die Quere kamen und blanker Kalkfels trotzig seiner Erosion entgegensieht. Und gerade da, wo die Berge richtig interessant werden, ist dann auch fast schon Österreich.

Das alles ist der Spielplatz der Münchner, auf jedem Gipfel steht einer, wochenends auch mal Hunderte, in jedem

Toteissee paddelt, schwimmt und angelt einer. »Work hard, play hard«, der alte Manager-Kampfruf, er ist wie für diese Stadt erfunden.

Und das vielgescholtene »Mia san mia« der Münchner hat vielleicht auch damit zu tun. Man denkt es heimlich, wenn man mal wieder sonntagabends am Luise-Kiesselbach-Platz, wo die Autobahn von Garmisch endet, im Stau steht, umgeben von vielen sehr großen Autos mit übersonnten Menschen darin. Vielleicht, denkt man weiter, bleibt man die nächsten Wochen mal in der Stadt und ignoriert den hohen Freizeitwert.

Aber dann sind da die Weißbierplakate, alle hundert Meter klebt eins, und immer zeigen sie eine perfekte Alm und die vermaledeit schönen Berge. Und da ist es wieder, das schlechte Gewissen. Nicht schlimm, nur so ein Ziehen rechts vom Herzen.

Andreas Hopf

IM GRÜNEN SALON

Mitten in München liegt der Englische Garten: kein Park und auch kein Garten im strengen Sinn, sondern ein Stück echter Natur. 373 Hektar Bäume, Wiesen, sogar ein Wildwasser rauscht durch das Grün. Andreas Hopf beschreibt einen Ort der Entspannung, an dem sogar die Münchner einmal demütig und bescheiden sind. Na ja, manche. Und nicht immer ...

Mögen andere einen veritablen Stadtpark, einen Hyde oder einen Central Park oder einen Bois de Boulogne besitzen: Die Münchner haben bloß einen Garten, den Englischen. Und ganz gegen ihre sonstige Art sagen sie leise, flüstern es fast: Der Englische Garten ist die größte innerstädtische Grünanlage der Welt. Zweihundert Jahre ist er alt, so alt wie die Französische Revolution. Wenn zu Ehren eines solchen Geburtstagskindes ein Volksfest gefeiert wird, dann geht's hoch her, selbst wenn es noch so sehr schüttet - drei Millionen Besucher waren es 1989. Hinterher sah der Jubilar reichlich ramponiert aus. Es wird bald wieder Gras drübergewachsen sein, versichert der Gartenverwalter Waldemar Palten. Die Verletzungen an Bäumen und Gehölzen mag er freilich nicht verschweigen. Eine schöne Leich'? Nein, nein, die Schäden seien bei weitem nicht so schlimm wie befürchtet. Dabei hatte er sich vermutlich vorgestellt, daß die Menschen ihren

Garten nicht nur lieben lernen (das tun sie ja ohnehin), sie sollten ihn auch verstehen – den Garten und seinen Boß. Seit bald zwanzig Jahren sind die beiden ein Paar. Doch wie die Leute so sind, sie trampeln tiefe Pfade durch die Wiesen, sie heulen auf, wenn ein Baum gefällt werden muß oder die Wiesen nicht gemäht sind.

Die Geschichte des Gartens zeugt von der sprichwörtlichen Weitsicht der bayerischen Obrigkeit. Kurfürst Karl Theodor, bei seinen damals vierzigtausend Münchner Untertanen nicht gerade beliebt, hatte es nach dem Sturm auf die Pariser Bastille mit der Angst zu tun bekommen. Um die eng zusammenwohnende Bevölkerung zu beschwichtigen, so will es die Saga, heckte er gemeinsam mit seinem Staatsrat und Kriegsminister, dem aus Massachusetts stammenden Offizier und späteren Reichsgrafen von Rumford, Benjamin Thompson, seit 1784 in München, den Plan eines Erholungs- und Vergnügungsparks für das Volk aus. Alte Vorstellungen eines Jagdparks für den Adel sollten zeitgemäß ersetzt werden: Luft und Grün als Methode, damit das Volk *an*, nicht jedoch *in* die Luft ging.

Bereits drei Wochen nach dem fernen und doch so nahen Sturm in Paris berief Karl Theodor »in großer Eyl« den Schwetzinger Hofgärtner Friedrich Ludwig Sckell nach München und bekundete alsbald hochgemut seinen Untertanen, daß er »den bisherigen Hirschanger zur allgemeinen Ergötzung für Dero Residenz-Stadt München herstellen zu lassen« und »diese schönst Anlage der Natur dem Publikum in ihren Erholungs-Stunden nicht länger vorzuenthalten gnädigst gesonnen« sei.

Das Bauprogramm sah neben den »militairischen« Kartoffeläckern – Rumfords Programm gegen die Hungersnöte – einen »Elevengarten« für die eben gegründete Militärakademie sowie den »englischen Garten als Volkspark« vor, darin »eilf Brücken verschiedener Bauart«. Der einengende

Mauerring der Stadt wurde niedergelegt, und die Errichtung des »Sinesischen Tempels« begann, dessen güldene Glöckchen der Kurfürst so bejammernswert teuer fand. So gut, soweit (fast) fertig. Von nun an konnte gefeiert werden. Die Chronik vermerkt 1792 das erste Hoffest, drei Jahre darauf gar die Hochzeit des greisen Kurfürsten mit der keck-koketten Habsburgerin Marie Leopoldine, einer heißblütigen Achtzehnjährigen, die ihre Fehltrittchen, im Schatten des Gartengrüns, durchaus nicht verbergen mochte. Der Garten hat eben auch eine lange Liebestradition! Bis hin zu unserem schönen Ministerpräsidenten Max Streibl: Errötend gestand er jüngst, daß auch er, wie viele Münchner, seine Frau im Englischen Garten kennengelernt habe.

Von Anbeginn war die Geschichte des Englischen Gartens die eines zielstrebigen Gärtnerns, Grabens und Gestaltens. Man faßte die Stadtbäche zusammen, in Kleinhesselohe entstand der See des Freiherrn von Werneck, eher ein flaches Tümpelchen. Man säte, pflanzte, gartelte ganz unenglisch emsig. Alles in allem sollte sich dieser Karl Theodor sein spätes Denkmal auf künstlichem Hügel, dem Monopteros des Architekten Leo von Klenze, redlich verdienen - ganz wie die bekannten und unbekannten Münchner, die anläßlich des Gartengeburtstags über eine Million Mark spendeten, für tausendfünfhundert Bäumchen. Ganz schön viel Holz. Nur nebenbei: Fürs Spenden eines Hains (25 Bäume für zusammen 16 250 Mark) gab's eine Bronzetafel.

Die formende Hand des Gärtners galt es unsichtbar zu machen. »Alles erscheint Natur, so glücklich ist die Kunst versteckt«, wie der Kieler Gartentheoretiker Christian Cay Lorenz Hirschfeld (1742–92) formulierte. Das eben ist das Englische an solchem Gartenbau: Dem Lustwandelnden öffnen sich immer wieder überraschende Ausblicke. Solitärbäume, Gruppen und Gehölze im Wechsel mit weiträumigen Wiesen; Weite und Enge, ein Spiel von Hell und Dunkel, bilden gegliederte, heitere Haupt- und Nebenräume, die durch Teiche und Bäche hier verstärkt, dort zurückgenommen werden. Ein vollkommenes Formenspiel, der Idee nach eine malerische Bildkomposition mit der Natur – und so wohltuend anders als die streng geometrischen französischen Gärten des Barock: etwas fürs Auge und die Seele.

Und das bayerische Volk, dem man doch ein barockes Wesen nachsagt, drängte jauchzend in diesen englischsten aller Gärten. Jeder einzelne, so Eugen Roth: »Ein Mensch, der in der öden Stadt / Mitunter das Bedürfnis hat, / Sich leib- und seelisch aufzuknöpfen ...« Ja, aufgeknöpft ist man tatsächlich hier, da fällt es dem einen oder anderen schon mal ein, »nackt über die Wiese zu jagen ... als ausgelassener Faun ... bis Busch und Tannicht widerhallen vom Gelächter und Geschrei nackter Nymphen und Satyrn«. Das, bitte schön, beobachtete Theodor Lessing im vorigen, also in einem ganz und gar anständigen Jahrhundert, wie man weiß. Unsere heutigen Nackerten liegen dagegen ganz ordentlich herum, in Reih und Glied sozusagen, und es ist manchmal schon schrecklich, welche »männlichen Paraden« man da abzunehmen gezwungen ist. Alle sind sonnenwärts ausgerichtet, auf der Schonfeldwiese am Schwabinger Bach, der da glitzernd und schnell ganz im Süden fließt. Jenseits des großen Wasserfalls tummeln sich die ganz Jungen, zum Beispiel beim Wellenreiten. Doch hier gibt es keine weichen Strände, nur die gefährlichen Betoneinfassungen – und viele hämische Zuschauer. Es ist nicht immer schön, was man da zu sehen bekommt, doch ist es schließlich allgemeine Lebensart in dieser Stadt, auch unter den Zugereisten, herzuzeigen, was man hat. »Eine elementare Münchner Institution« findet jedenfalls Oberbürgermeister Georg Kronawitter, ein Vergnügungspark, ein Garten für Menschen, selbst wenn es an einem schönen Tag mal 250 000 sind. Da wird das Vergnügen etwas eng, denn die meisten tummeln sich im südlichen und mittleren Teil, zwischen Schönfeldwiese und Kleinhesseloher See. Und manch einer glaubt, daß der Englische lediglich ein Biergarten ist, der am Chinesischen Turm liegt, mit etwas Grün drum herum.

»Hier sehen Sie Bäume und ebensolche Fußwege«, beschreibt Karl Valentin den Englischen Garten erschöpfend, doch an heißen Wochenenden ist außer Menschen nicht eben viel zu sehen, da merkt man vor allem hier, wie viele Einwohner München wirklich hat. Zuweilen läßt sich freilich am allzu menschlichen Herdentrieb etwas Gutes finden. Wenn der Garten so voll ist, daß er eigentlich geschlossen werden müßte, lassen sich immer noch einsame Wege finden, lauschige Plätzchen gar, am überschatteten Eisbach entlang oder auf der Ruhewiese zwischen Turm und See. Zumal im nördlichen Teil, jenseits des Isarrings, der häßlich und laut den Park in zwei Teile zerlegt, gibt es noch Ruhe. Dort verläuft man sich buchstäblich, trotz manches langsam in Vergessenheit geratenden Trimmpfades aus den siebziger Jahren.

Im Norden, beim Aumeister, drängt das gemeine Volk (das schicke bleibt eher am See) wieder zur gemeinsamen Biertränke. Noch weiter nördlich, jenseits des engen Durchschlupfs unter den donnernden Autos des zweiten und des Eisenbahn-Nordrings, Richtung Ismaning, isarabwärts weiter, eröffnet sich ein wahres Paradies, naturbelassen und wild, ein schmaler Streifen nur, ein Urwald beinahe, richtig schön und ungepflegt - eine Illusion, die nur durch den Straßenlärm gestört wird. Dieser grüne Korridor hat seinen eigenen Reiz, dieses Bedrohte, Eingezwängte, dieses Fleckchen Natur inmitten der Großstadt. Jetzt wollen die Stadtplaner auch die alten Auwäldchen nördlich des Oberföhringer Wehres wiedererstehen lassen und den Fluß mit mehr Wasser beschicken.

Wie still wirkt dieser ganze Garten, wenn die Stadt sich

zur Ruhe legt, sagen wir spätabends in einer Sommernacht. Die letzte Polizeistreife ist eben am Turm vorbeigeritten, die Wiesen scheinen zu dampfen, vom gewesenen Tage aufzuatmen, das Plärren, das Brabbeln weicht heimlichem Flüstern, zärtlichem; Augen und Ohren werden aufnahmefähiger. Oder im Winter, wenn der Schnee im Mondlicht glitzert und unter den Schritten knirscht. Wenn das Eis auf dem Kleinhesseloher Tümpelchen knackst und ächzt, das eben noch eine große Spielfläche hergegeben hat für all die Großen und Kleinen mit Schlittschuh oder Eisstock, sogar für die ganz Schlauen, die eine ordentliche Fläche polierten und sie gegen ein paar Mark vermieteten. Oder morgens um sieben, egal zu welcher Jahreszeit, wenn man, an seinen Hund geleint, ein paar Runden dreht. Drüben knattert ein Wagen durch den frühen Park, der Müllmann ist unterwegs, mittlerweile grüßt man einander, wie jeden, den man das dritte Mal traf. »Ja, d' Leut san scho Schweine«, sagt er. Heute ist Montag, er zählt nicht und wiegt nicht, was er sammeln muß. Anderntags wird es in der Zeitung stehen. Es war ein sonniges Wochenende: 25 Kubikmeter Müll mindestens, tausend Flaschen, dreihundert Maßkrüge, unzählige Coladosen. Kopfschüttelnd wird unser unterbezahlter Müllmann lesen, daß es jährlich zweihunderttausend Mark kostet, den Dreck zu beseitigen. Schon um acht oder neun sieht der Garten aus wie neu. Auf dem Monopteros steigt vielleicht ein Haschischwölkchen in den Himmel. Am See füttert eine alte Dame die Enten und Schwäne, redet auf sie ein, doch das Federvolk scheint völlig satt und paddelt gelangweilt umher. Auf der Ruhewiese begrüßen drei, vier fremdartig gewandete Schattenboxer mit theatralischen Gesten den frischen Tag. Auf der Nacktenwiese sitzt schon ein Paar, es hat ein behaartes, hutzeliges Kind dabei. Sieht man genauer hin, entdeckt man, daß das Kind ein Affe ist, ein richtiger Schimpanse. Dann nordwärts lange nichts, keine Menschenseele, nur das blanke Licht auf den Halmen. Unter der hölzernen Emmeramsbrücke kramt ein Jugendlicher mit Biertragerln und Grillbesteck herum. Warum ist der große Bub so früh unterwegs? Sicher schwänzt er die Schule, oder ist er schon arbeitslos?

Unweit des »Kineserturms« auf der düsteren Plantagenwiese tummelt sich eine ganz andere Gesellschaft: die Raben und Saatkrähen. Auch die überaus rare Wasseramsel findet man hier. Rund sechzig teils seltene Vogelarten brüten im Englischen Garten, niemand hat all die Wacholderdrosseln, Gelbspötter, Buntspechte, Samtenten, Graugänse und Prachttaucher je gezählt, die Girlitze, Grünlinge, Stieglitze, die Zaunkönige und auch die Gimpel, nicht zu vergessen die Fledermäuse, genauer: die Abendsegler. 373 Hektar Park sind keine kleine Fläche. Doch die Nähe der Stadt setzt dem Garten zu. Schon fast alle Ulmen sind krank, der Splintkäfer und der Pilz *Ceratocystis ulmi* raffen sie dahin, dreitausend Stück fielen schon, ein Drittel des Bestandes. Waldemar Palten weist auf diese Probleme eher vorsichtig hin, er kennt sich ja aus. Sein Garten wirkt für die Stadt wie ein großer Abzugskamin. Die Dreckluft, die hier ankommt, kann nicht völlig verwandelt werden. Der Vitalitätsverlust der Bäume ist nicht zu übersehen. Vor allem der stadtseitige Südteil des Gartens ist stark geschädigt, Infrarotaufnahmen bewiesen das jüngst. Wenn dann noch ein Jahrhundertunwetter kommt wie das vom Juli 1988 (tausend Solitäre, Eichen, Hainbuchen, Eschen und Pappeln fielen oder mußten gefällt werden), ist man machtlos. Doch das größte Problem des Gartens sind die Menschen. Jahrelang hat die Gartenverwaltung nur vorsichtig gestaltend eingegriffen. Aber will man das Englische am Garten retten, der ja ein Kunstwerk und ein Denkmal obendrein ist, muß der Gartenbauingenieur Mut haben zum Fällen. Bäume, Gehölzgruppen und Haine in ihren unterschiedlichen Höhen sind »das Rückgrat der Anlage«, wie Palten erläutert. Da muß man mal einen Schnitt machen, überalterte oder kränkelnde Bäume weghauen, Licht schaffen und Lebensraum für den Nachwuchs. Im Süden des Gartens muß man den Rasen kurz halten, in einer richtigen Wiese würde alles niedergetrampelt. »Wenn doch die Menschen etwas vernünftiger wären«, seufzt Palten, aber nein, quer durch die Gehölze muß der Besucher, und so mancher hockt sich ins Gebüsch wie sein Hund. Wie war das? »D' Leut san scho Schweine.« Und dann die städtischen Bautrupps: Leitungen, Kabel, Kanäle, Rückhaltebecken werden in den Garten geklotzt, man untergräbt ihn geradezu. Einschnitte und Narben, die kaum vermeidbar sind. Aber was hilft das Klagen? »Lustwandler, steh! Dank stärket den Genuß«, heißt es am Rumford-Denkmal gleich beim südlichen Eingang, wenn man von der lauten Prinzregentenstraße in den Englischen Garten einbiegt. Für Menschen ist der Garten ja schließlich gemacht.

Barbara Baumgartner

EIN FLUSS FÄLLT AUS DEM RAHMEN

Es stand nicht gut um die Isar. Ihre Ufer waren begradigt worden, die Betonmischer hatten gesiegt. Bis im Jahr 2000 die Befreiung kam und das Wasser wieder strömen durfte, wo es wollte. Seither, so freut sich Barbara Baumgartner, taumeln wieder Schmetterlinge über die Wiesen. Und auch Bier und Grillkohle verkaufen sich besser.

Ein Blick aus seinem Schlafzimmerfenster kann Wolfgang Flatz in den Urwald versetzen. Und in Enthusiasmus: »Grün, grün, alles ist grün. Das könnte Südamerika sein, der Dschungel. Dann schaust du hinunter – und siehst den Fluss!« Auch der ist grünlich heute, trübe Schneeschmelzfarbe. Weit biegen sich die Bäume übers Wasser. »Wenn sie nicht so belaubt sind, sehe ich das Maximilianeum. Es leuchtet nachts wie der Hradschin. Und dahinten, das war mein Privatstrand, bevor er durch die Isarinselfeste bekannt wurde.«

Der Aktionskünstler Flatz, ein drahtiger Mann von 60 Jahren, der Energie und Ideen versprüht, hat in New York, London, Mexiko und Berlin gelebt, von der Praterinsel sagt er: »Einen schöneren Ort gibt es nicht.« Seit mehr als zwanzig Jahren hat er hier in der ehemaligen Garage einer Likörfabrik Atelier und Wohnung, erst als Haupt-, jetzt als Sommersitz. Es ist schon vorgekommen, dass er sie wochenlang nicht verlassen hat, zumindest nicht Richtung Innenstadt. Nur die Spaziergänge mit seinem Mops, den er »Herr Professor« nennt, führten ihn dann über den Kabelsteg aufs Festland und weiter die Isar entlang, die ihm mittlerweile vertraut ist »wie ein alter Freund«. Im Sommer geht er morgens gern schwimmen. »Die Isar ist einer der saubersten Flüsse der Welt!«

Matthias Junge würde ihr Wasser sogar trinken – jedenfalls von Mai bis September, wenn die Kläranlagen UV-Strahlen einsetzen, um Bakterien abzutöten und die Isar badetauglich zu machen. Das kostet Stadt und Land eine Menge Geld, aber der Fluss sei in München eben »eine sehr emotionale Angelegenheit«, sagt Junge. Er ist auf Süßgewässer spezialisierter Biologe und Leiter der Öffentlichkeitsarbeit des Wasserwirtschaftsamts München. Nun steht er in beinlangen Gummistiefeln im Fluss und tritt einmal kräftig in den Grund, damit Kleinstlebewesen sich von den Kieseln lösen, die er dann mit seinem Kescher auffängt. Ein Stück flussaufwärts sieht man die Großhesseloher Brücke. Dort begann im Jahr 2000 das Projekt »Renaturierung«, das die Isar aus ihrem Betonkorsett befreite. Seitdem kann der Fluss hier im Süden, wie Junge es ausdrückt, »fast wieder tun, was er will, und sich sein Bett selbst gestalten«. Junge überprüft, wie die Isar sich dabei ökologisch entwickelt. Er kippt den Inhalt seines Keschers in eine Plastikwanne, unter den wimmelnden Tierchen entdeckt er Larven einer Steinfliege. Er ist zufrieden: »Die sind sehr anspruchsvoll.«

Wenn das Leben ein Fluss ist, dann ist ein Kanal ein Gefängnis. Ein Kanal ist Monotonie, das Wasser rauscht gleich schnell und tief über gleichförmigen Grund. Seit die Isar in der Stadt teilweise wieder Fluss sein darf, kehrt die Artenvielfalt zurück, auch an den Ufern: Die Blüten auf den neuen, breiten Deichen ziehen eine bunte Schmetterlingsschar an, auch neue Käferarten sind aufgetaucht. Nur die Fischpopulation, letztes Glied in einer komplexen Kette, hat sich noch nicht so entwickelt wie erhofft. Immerhin: In der Kleinen Isar, die am Deutschen Museum abzweigt und seit der Renaturierung viermal so viel Wasser führt, schwimmen jetzt junge Äschen, Huchen und Nasen. »Erstaunlich, die wertvollsten Arten haben wir mitten in der Stadt«, so Junge.

Das weltweite Interesse an der neuen Isar ist groß. Wie man Hochwasserschutz, Respekt vor der Natur und die Freizeitansprüche von Großstädtern unter einen Hut gebracht hat, gilt als beispielhaft. Es war eine ständige Gratwanderung: wie viel Platz dem Wasser lassen, wie viel Wiese den Menschen?

Anders als im südlicheren Abschnitt darf der Fluss ab den Flaucher-Isarauen bei der Brudermühlbrücke nicht tun, was er will. Ab hier ist das, was natürlich aussieht, penibel durchdacht und gestaltet. Da wurde etwa die Strömung auf die unzugängliche Flussseite umgeleitet, damit auch Kinder sicher planschen können. Um Bäume zu retten, das Flussbett aber zu verbreitern, hat man ein Stück Ufer als »Weideninsel« stehen lassen. Die wiederum wurde bewusst durch tiefes, schnelles Wasser vor zu viel Menschenandrang geschützt. »Hier in der Stadt«, so Junge, »ist die Situation artifiziell, wird immer artifiziell bleiben.« Und kann sich doch wie Wildnis anfühlen - ein Stück weiter steht ein Fliegenfischer im Wasser.

Der Kiosk an der Reichenbachbrücke trägt zum Isarglück bei und profitiert davon. In der gastronomisch fast wüstenhaften Flusslandschaft ist das gelbe Häuschen, Baujahr 1904, eine der wenigen Oasen. 115 Biersorten aus aller Welt hat Harald Guzahn im Sortiment. Und gut 2000 weitere Produkte wie Grillgut, Gebäck und Eiscreme. Dass alles Platz findet, scheint ein Wunder. Guzahn betrieb den Kiosk bereits, als der Uferabschnitt darunter noch als Münchens Hundetoilette galt und unter der Reichenbachbrücke Obdachlose wohnten. »Die Renaturierung hat uns schon einen Schub gegeben«, sagt er. Guzahn hat nun 44 Kühl- und Gefrierschränke und 16 Angestellte, verkauft wird 23 Stunden lang. An diesem strahlenden Vormittag sieht man auf den Kiesbänken schon Bikinis, in den Auen werden Babys und Hunde ausgeführt. Den Chef trifft man sonst meist nur in aller Herrgottsfrüh an – wenn die Straßen noch stillliegen, junge Menschen, die nachts am Fluss saßen, älteren Herrschaften aus der Nachbarschaft begegnen und die ersten Sonnenstrahlen herauskommen.

Auch die Flößer fangen früh an. Um sieben Uhr durchbrechen rhythmische Schläge die Sonntagsstille an der Schlederleiten in Wolfratshausen, wo die beliebten Passagierfloßfahrten starten. An der Uferböschung der Loisach lagern lange, dicke Fichtenstämme, auf dem Wasser liegt ein halbfertiges Floß, eine Handvoll Männer steht drauf. »Der Nächste!«, ruft einer, schon rollt ein neuer Stamm herunter, landet platschend im Wasser, wird neben den anderen festgemacht. »Die Flöße werden jeden Tag neu zusammengebaut – das lernt man als Erstes«, sagt Flößer Jason Charles. »Dann darf man vorn als Beifahrer mit drauf, dann hinten, dann vorn alleine. Aber da muss man dann jeden Stein in der Isar kennen.«

Von der Loisach geht es bei den Floßtouren bald auf die Isar und auf der bis nach München, mit sechzig Passagieren plus Blaskapelle, über sieben Rutschen. »Da fällt manchmal einer ins Wasser, den ziehen wir dann mit dem Rettungsring raus, des is a Gaudi.« Zwei Jahre dauerte Jasons Lehrzeit, und etwa genauso lang dauerte es, bis er Bayerisch konnte. »Jetzt passt des.« Er lacht, und die Zähne blitzen in seinem Karibikgesicht. Er kommt aus Tobago. Seit mehr als zehn Jahren arbeitet er für die Flößerei der Familie Seitner, die ihn im Urlaub kennenlernte. Als er zu Hause einmal ein Floßfahrt-Video zeigte, erklärten sie ihn dort für verrückt. Doch für ihn ist es »einfach die schönste Arbeit, die's gibt, vor allem im Mai, wenn es auf den Wiesen blüht«.

Nach der Renaturierung sind die Isarauen auch im Stadtzentrum eine blühende Landschaft. Doch ab dem Deutschen Museum ist Schluss damit. Dort fließt der Fluss zwischen historischen Kaimauern, teilweise fast unbemerkt. Schade ist auch, dass einen vierspuriges Verkehrsbrausen begleitet. Ende des 19. Jahrhunderts war das anders. Da flanierten die Münchner auf einem Boulevard die Isar entlang, es gab Gastwirtschaften und Cafés am Fluss und an der heutigen Museumsinsel sogar einmal eine Riesenrutsche, auf der man mit Booten ins Wasser hinunterrauschte. Auf der Praterinsel kehrte man im beliebten Lokal »Isarlust« ein oder vergnügte sich im Tanzpavillon, und weil sich am Fluss die Gesellschaft traf, bekamen Größen wie König Ludwig II. hier ihre Denkmäler. Als Jahrzehnte später auch eine Bismarckstatue aufgestellt wurde, hatte der Autoverkehr die Flaneure allerdings schon verdrängt.

Benjamin David will die alten Zeiten zurück. Der Geograf ist einer der Köpfe der »Urbanauten«, die als Debattierklub anfingen und zu Projektgestaltern öffentlicher Räume wurden. Nun haben sie vor allem ein Projekt: die Isarlust wieder zu wecken, auch in der Innenstadt. »Die Renaturierung war toll«, meint David. »Aber wie geht's jetzt weiter? Was machen wir mit dem Fluss ab der Museumsinsel?«

Seine Antwort lautet, »dem Verkehr den Schneid abkaufen«. Es gab zum Beispiel einen temporären Fußgängerboulevard am Fluss: Im Rahmen des Kunstprojekts »Notre Dame sur l'Isar«, das rund um die Kirche St. Maximilian mit ihren zwei markanten Türmen stattfand, waren an zwei Wochenenden Autos von der Uferstraße verbannt, die Münchner durften flanieren und verweilen.

Auch den »Kulturstrand«, wo es Live-Musik und Lesungen,

Cocktails und Kinderprogramm und einen 112 Meter langen roten Sitzschlauch gibt, stellen die Urbanauten seit Jahren auf die Beine. Diesmal auf dem Balkon der Corneliusbrücke. Um König Ludwigs Bronzekopf, ein Überbleibsel des einstigen Drei-Meter-Denkmals, wippen dort Menschen mit Flaschen in der Hand zur Soulmusik der Deutsch-Perserin Kaye Ree, fläzen in Liegestühlen, graben die Füße in den Sand und lassen den Blick über den Fluss schweifen. Es dämmert, im Wasser spiegeln sich Autoscheinwerfer, die Silhouette von St. Maximilian leuchtet. In der Luft liegt Sommerduft – und Isarlust.

Detlef Vetten

DIE HÖHE DER GEFÜHLE

Die Zugspitze, der Wendelstein, die Benediktenwand – jeder in München hat seinen Lieblingsberg. Aber einen gibt es, der die Herzen aller Leute aus der Stadt erobert hat: Das ist der Pürschling. Nicht der größte, nicht der steilste aller Berge, aber einer, den zu besteigen einfach ein gutes Gefühl beschert. Detlef Vetten hat sich in Unterammergau an den Aufstieg gemacht.

So richtig viele Weltstädte gibt es nicht, die respektable Hausberge vor der Tür haben. Kapstadt und der Tafelberg – pittoresk und nah und doch ein bisschen unnahbar. Rio de Janeiro und der Zuckerhut – ein Solitär inmitten von Favelas. Paris und der Montmartre – das »mont« ist wohl das einzig Hohe an dem Hügel. Berlin, New York und Peking – Fehlanzeige.

Aber München hat, wie der Bayer sagen würde, ordentlich Holz vor der Hütt'n. Nicht nur einen Hausberg hat die Stadt, sondern eine ganze Reihe. Wer bei föhnklarem Wetter auf den Hügel beim Olympiastadion stiefelt und sich, oben angekommen, südwärts wendet, sieht sie zum Greifen nah: die Hausberge Münchens. Im Osten beginnen sie mit dem Wendelstein in den Schlierseer Bergen, dann zacken die Tegernseer am Horizont. Die Benediktenwand ist deutlich zu erkennen als kühner Felsvorbau der Alpen.

Ein Stückerl weiter der Herzogstand und dicht daneben der Heimgarten. Der Blick wandert zu der markanten Spitze des Ettaler Manndls, den sanften Rundungen des Hörnles, rechts schließen sich, als graue Silhouetten, im Hintergrund die höheren Gipfel der Ammergauer Alpen an. Noch ein wenig weiter westlich, und man schaut auf die Allgäuer Alpen. Aber die zählen eigentlich nicht mehr zu den Münchner Hausbergen – wenn man es denn ernst meint. Und der Münchner meint es ernst, wenn es um seine Stadt geht, er weiß, wie er seine Hausberge zu behandeln hat.

Wie gute Spezl nämlich. Denn irgendwann findet der aktive Mensch aus der Stadt hinaus in die alpine Welt, müht sich schnaufend Meter um Meter nach oben. Bis er am Gipfelkreuz ist. Er packt die Brotzeit aus und lässt die Beine ins Tal baumeln. Wenn er Glück hat, kann er bis in die Stadt sehen, im Vordergrund die Seen, die Ortschaften und Städtchen, im Hintergrund die City als ein Ensemble von grauer Urbanität. Und der Bergsteiger wird sich erhaben und ein bisschen kühn fühlen. Mit dem Berg als Kumpel an seiner Seite.

Der Hausberg ist auch eine kleine Flucht. Nicht, dass München die Stadt wäre, vor der man partout Reißaus nehmen müsste. Aber manchmal geht selbst einem Münchner seine Heimat auf den Wecker. Wenn am zweiten Wiesn-Wochenende die Italiener über die Stadt hereinbrechen, wenn im Winter der Matsch knöcheltief im Englischen Garten liegt, wenn im Herbst die Nebel so dicht hängen, dass man nicht mehr von der Frauenkirche zum Rathaus gucken kann – dann muss man raus. In die Berge, wo garantiert keine Italiener grölen, wo der Schnee beim Rodeln oder auf der Skitour puderzuckerweiß stäubt, wo man oberhalb von 1000 Metern in einer seelenerwärmenden Herbstsonne wandert.

Was ein rechter Münchner ist, der hat seinen Lieblings-Hausberg. Ein ganz großer Favorit zum Beispiel ist der Pürschling oberhalb von Unterammergau. Kein spektakulärer Berg. Der Gipfel versteckt sich in einer Kette von anderen Erhöhungen, in der Nähe ist auch noch der Teufelstättkopf (erheblich beeindruckender). Aber der Teufelstättkopf ist nur ein trutziger Felssporn, der Pürschling mit seiner Alpenvereinshütte ist eine Institution. Jeder, der einigermaßen bei Puste ist, kann ihn zu Fuß erklimmen; seit Jahrzehnten ist die Gastronomie als makellos bekannt, und – Pürschling ist eben Pürschling. Manchmal ist die Hütte arg überlaufen. Aber das stört die Leute nicht. Sie kommen immer wieder – als ob sie einem Zwang gehorchten.

Warum? Es ist das Gefühl von Freiheit, Lebenslust, praller Freude am drallen Leben. So ein Ausflug auf den Pürschling kann dann folgendermaßen aussehen: Nehmen wir einmal an, es ist Oktober, ein Samstag, und in der Stadt schafft es die Sonne nicht ganz durch die niedere Wolkendecke. Es ist grau in München und kühl und unwirtlich.

»Wir gehen auf den Berg«, heißt der Beschluss. Die Wanderschuhe werden geschnürt, der Rucksack mit einer Brotzeit und Wechselwäsche als Inhalt geschultert. Die Tram bringt die Familie zum Hauptbahnhof, wo jede Stunde ein Zug in Richtung Garmisch abfährt. In Murnau steigen wir in die Bahn nach Oberammergau, in Unterammergau ist Endstation. Wir marschieren durch den Ort in Richtung Süden, vorbei am Gasthof »Stern«, vorbei am Friedhof, wir sind auf dem Weg zum Pürschling.

Das Steigen fällt nicht allzu schwer. Anfangs ist der Weg steil, dann wird es flacher, dann mühen wir uns eine jähe Steigung hinauf. Rechter Hand fällt der Hang ab, in der Tiefe rauscht ein wilder Bach. Wir erreichen das Lange Tal, eine angenehme Flachpassage. Die Kühe, die hier den Sommer über auf der Alm stehen, sind schon hinuntergetrieben worden. Am Ende des Langen Tals setzen wir uns auf ein Paar Baumstümpfe und machen Brotzeit. Wir haben die letzten Wolken unter uns gelassen, es ist bacherlwarm hier oben.

Die Berge gleißen im Sonnenlicht. Speck und Spezi schmecken doppelt gut. Wir schnaufen tief durch. Ist das Leben nicht schön?

Es folgen 50 Minuten stoischen Stapfens. Man redet nicht mehr viel, denn das Steigen ist nun ein wenig anstrengend. Nicht so sehr freilich, dass man nicht ab und zu nach oben blicken würde, wo die Pürschlinghäuser auf dem Kamm wie kleine Trutzburgen stehen. Verlockend nah sind sie. Noch eine letzte Rechtskurve, noch die letzten 150 Meter, dann sind wir da. Wir wischen mit einem Handtuch den Schweiß vom Gesicht, wechseln das Hemd und betreten die Terrasse.

Ach, wie oft haben wir hier schon gesessen. Wenn es das Wetter erlaubte, waren wir natürlich draußen auf der Terrasse. Hielten die Nase ins Licht und genossen die Aussicht. Unten das Tal mit Schloss Linderhof, dahinter die höheren Berge der Ammergauer, die Kreuzspitze, der Frieder, die Geierköpfe. Und hinter der Kreuzspitze der breite Buckel der Zugspitze.

Wir waren aber auch schon auf dem Pürschling, da hätte man keinen Hund vor die Tür geschickt. Draußen tobte der Sturm und rüttelte an der Hütte. Wir tranken Kaffee und dachten mit Grausen an den Rückweg ins Tal. Einmal brach ein Gewitter über den Berg herein. Es war, als würde gleich die Welt untergehen. Aber in der Hütte waren wir ja gut aufgehoben. Wir sahen hinaus in das blitzend-donnernde Inferno und sagten: »Wenn es aufhört, gehen wir wieder runter. Wenn nicht, bleiben wir heroben und machen uns einen schönen Abend.«

Nach Unterammergau sind wir immer wieder zur rechten Zeit zurückgekommen. Mal waren wir nass oder völlig durchfroren, mal kamen wir schwitzend und im T-Shirt unten an. Aber jedes Mal waren wir – ja, wie fühlten wir uns eigentlich?

Der Besuch eines Münchner Hausbergs ist ja keine alpinistische Glanzleistung. Er bringt nicht den großen Rausch der Gefühle. Ob der Münchner nun in Lenggries Ski fährt, am Pürschling rodelt oder auf den Heimgarten wandert: Er will keine Superlative, sondern eine verlässliche Zufriedenheit. Und die bekommt er. In Lenggries sind die Hänge steil oder angenehm – je nach Können des Fahrers –, und auf den Schnee ist Verlass. Der Skifahrer verbringt einen Tag an der frischen Luft und mit gutem Sport. Wer auf den Pürschling geht, kann die Natur pur genießen, ohne sich den Widrigkeiten zu sehr auszusetzen. Am Ende des Tages ist er wohltuend müde und mit seinem Tun zufrieden. Und der Wanderer auf den Heimgarten hat einen recht langen Weg vor sich (von Ohlstadt bis zur Hütte braucht er gut und gerne drei Stunden), aber er weiß: Er wird ein paar wundervolle Blicke ins Oberland mit nach Hause nehmen. Auf dem Heimgarten fühlt sich der Bergsteiger wie auf einer sicheren Kanzel. Er blickt auf den nahen Staffelsee, dahinter den Starnberger See, den Ammersee und am Horizont die große Stadt, in die er am Ende des Tages zurückkehren wird.

Die Münchner Hausberge sind wunderbare Gefährten des Stadtmenschen. Wenn er sie denn haben möchte. Es gibt natürlich die Münchner, und das sind nicht wenige, denen die Gipfel im Süden wurscht sind. Doch die wissen gar nicht, was ihnen entgeht. Denn so ein Hausberg steckt voller Überraschungen. Kein Besuch gleicht einem anderen. Es gibt Ausflüge, bei denen alles wie nach Fahrplan abläuft: Abfahrt mit dem Auto, der Parkplatz, die Tour mit Rast in der Hütte oder Brotzeit unterm Gipfelkreuz, Abstieg, Rückfahrt, ein wundervolles heißes Bad. Dann die Stau-Variante: Ganz München scheint in die Berge zu wollen, und die Autobahnen sind dicht. Stau auf dem Hinweg, Stau auf der Rückfahrt; trotzdem gute Laune nach der Tour. Oder die Abenteuer-Version: Das Wetter ist scheußlich, der Schnee ist gräuslig, die Hütte hatte wider Erwarten geschlossen – nun ja, auch das kann es geben, Schwamm drüber.

Wer seinen Hausberg besucht, kommt, so scheint es, mit allen Widrigkeiten zurecht. Er weiß ja, dass beim nächsten Mal alles wieder mit rechten Dingen zugehen wird. Er weiß, dass ein Hausberg das Recht hat, sich im schlechten Licht zu präsentieren. Von der guten Seite ist er ja bekannt. Und wichtig ist ja unter anderem das Runterkommen. Wer oben gewesen ist, steigt in aller Ruhe ab. Wie zum Beispiel beim Exkurs auf den Pürschling. Wir trinken den letzten Schluck Radler, greifen uns die Rucksäcke und schlendern zu Tal.

Es redet sich gut bei dieser Art von Fortbewegung, es wird viel gelacht. Kurz bevor wir unten sind, machen wir noch einen Abstecher durch die Klamm, die sich mit Urgewalt in die Felsen gefräst hat. Es rauscht und tobt und gurgelt. Dann sind wir am Ausgang dieses Engpasses, marschieren am Friedhof vorbei ins Dorf. Mittlerweile hat sich die Sonne durch die Wolken gekämpft, das Tal zeigt sich in den prachtvollsten Herbstfarben.

Wir kommen zum »Stern«. Haben wir nicht noch Zeit bis zum nächsten Zug nach Murnau? Freilich. Wir kehren ein. Die Männer am Stammtisch sehen uns mit einem lächelnden Wissen an. Einer fragt: »Schee war's scho, oder?« Schön war es schon? Schön ist es immer, wenn man seinem Hausberg einen Besuch abstattet.

Gert Heidenreich

LANDKREIS UNÜBERWINDLICHER LIEBLICHKEIT

Starnberg und seine Umgebung waren Perlen. Die Lage am See lockte wohlhabende Münchner in eine Landschaft, die schön war wie ein Garten. Selbst der ewig kritische Thomas Mann war begeistert. Dann aber kam immer mehr Geld an das Seeufer, jeder Quadratmeter versprach neues Geschäft. Der Schriftsteller Gert Heidenreich erzählt die Geschichte einer Kleinstadt, die sich selbst zugrunde richtete – und dabei immer noch wie im Paradies liegt.

»Fünf Meter abwärts von Starnberg liegt der Starnberger See«, gab der Komiker Karl Valentin seiner Mitwelt zu bedenken. Sein später Nachfahre, der Satiriker Dieter Hildebrandt, ergänzte die geologische Sentenz durch eine soziologische: »Wenn man hier so reinfährt und sich umsieht – kaum zu glauben, daß es hier Sozialdemokraten geben soll …«

Tatsächlich gibt es sie hier, auch Grüne, selbst versprengte Kommunisten. Der Landkreis um den Berg der Stare ist grundliberal, solange die Kasse stimmt. Geld hat in der einstigen Hochburg der FDP noch nie gestunken, man leistet sich – ein Unikum in der Bundesrepublik – seit Jahrzehnten einen FDP-Landrat nebst unzerstörbar gutem Gewissen.

Starnberg, als Stadt keine hundert Jahre alt, das ist ein Stück Schweiz mitten im bayerischen Freistaat. Die Kreisstadt selbst gilt als eine der reichsten der Republik: Auf tausend Einwohner kommen im Schnitt fünf Millionäre. Die öffentliche Hand wird standesgemaß im Starnberger Schloß aufgehalten: Dort residiert das Finanzamt, streng, penibel – schließlich bildet der Freistaat hier seine Steuerbeamten aus. Die Schlösser haben, bis auf wenige Ausnahmen, bürgerliche Karriere gemacht. Im Schloß Tutzing tagt und fragt am Seeufer die Evangelische Akademie, eine der vornehmsten Geistesadressen deutscher Sprache; das Seefelder Schloß teilen sich Antiquitätenhändler, Künstler und Konzertveranstalter; das Thurn-und-Taxis-Schloß Garatshausen dient als Altersheim, und im Schloß Possenhofen, wo »Sissi« – später Kaiserin Elisabeth von Österreich – ihre Kindheit verbrachte, haben nun die Eigner von achtundzwanzig Luxuswohnungen die königliche Vergangenheit ihrer Fußböden teuer bezahlt: zwei bis zweieinhalb Millionen Mark pro abgeschlossene Tür einschließlich Anteil am Ufergrundstück. Weil aber die demokratische Euphorie in der zweiten Gründungsphase des Freistaates, nach der Nazizeit, jedermanns freien Zugang zu den Seeufern in die bayerische Verfassung schleuste, müssen die Possenhofener Eigentümer zusehen, wie ihr kostbares Ufer von Kreti und Pleti wochenends mit Grillkohle, Coladosen und Zigarettenkippen verunstaltet wird. Sie wehren sich mit Stacheldraht. Ein kleiner Rechtsstreit kommt auf, nicht scharf, nicht wild – wie eine der Böen, die das Seewasser kräuseln. Der Krach verläuft sich wie noch jeder im Landkreis der unüberwindlichen Lieblichkeit, für den das Verfassungsproblem tatsächlich kaum mehr überschaubare Ausmaße annimmt, wenn heiteres Sommerwetter bereits am Freitagabend jenen Münchner See-Gang bewirkt, der dann wellenartig auf das Fünfseenland schwappt. Wenn sich die Menschenflut am Sonntagabend von den Seeufern zurückzieht und ihre glitzernden Ströme über die B12 und die Autobahn Garmisch–München heimwärts in die Metropole fließen – sehen die verlassenen, »Paradies« genannten Liegeflächen von Possenhofen am Starnberger See, jene von Oberndorf am Wörthsee, Inning / Stegen am östlichen Ammerseeufer, am Pilsensee und am Weßlinger See aus, als hätten Riesen ihre Müllkübel mit weiten Schwüngen über die Wiesen ausgeleert. Längst schon kommen die Gemeinden dem Abfall nur noch mit Reinigungsmaschinen bei. Daß alle paar Meter Sammeltonnen aufgestellt sind, wirkt wohl auf allzu viele Gäste wie eine unzumutbare Beengung ihres Anspruchs, unter freiem Himmel Mensch sein zu dürfen. Wagen sich am Sonntagabend die Einheimischen zögernd an die Ufer vor der Haustür, macht schon mal der Schnitt von Glasscherben oder Dosenverschlüssen im Fuß den Kopf nachdenklich: Vielleicht haben jene Natur- und Denkmalschützer doch nicht so unrecht, die den ungehinderten Zugang zu den Seen für einen »ausgemachten Schmarrn« halten. Daß es im Winter die Münchner hierher aufs Eis zieht, wirkt sich weniger nachteilig aus: Der vermummte aufrechte Mensch hinterläßt weniger Müll als der sich lagernde nackte.

Wenn der Landkreis, der noch in den sechziger Jahren seine touristische Anziehungskraft zu steigern suchte, heute eher unter seiner Beliebtheit stöhnt, verdankt er dies gleichwohl ursächlich nicht menschlicher Planung, sondern seiner von der Natur geschaffenen Attraktivität, der Landschaftsgestaltung durch das Tertiär und zwei Eiszeiten. Als vor rund sechzig Millionen Jahren mit dem Beginn der Alpenauffaltung die Mulden und Senken vor den Bergen entstanden und sich im Verlauf weiterer Jahrmillionen langsam mit Süßwasser füllten, lagerten die aus der nördlichen Ebene kommenden Ströme Geröll, Sande und Erden ab, die den Untergrund des Fünfseenlandes bilden: Mergel und Tone; in den Bachläufen treten sie als grauer oder grüner »Flinz« zutage.

Während der Riß-Eiszeit vor etwa 150 000 Jahren schliffen dann zwei gewaltige Alpengletscher die Becken für den Starnberger und den Ammersee aus und häuften an ihren Rändern Moränen auf, die noch heute als sanfte, abgewitterte Kuppen das Bild der Landschaft prägen. Deutlicher erhalten sind die wallartigen Hügel der Jungmoränen aus der letzten, der Würm-Eiszeit. Damals sind kleinere Seen dadurch entstanden, daß Gletscherreste sich unter Geröllschichten als totes Eis erhalten konnten; nach ihrer späten Schmelze blieben die »Toteis-Seen« zurück – wie etwa der Weßlinger See, dessen idyllische Lage seit dem neunzehnten Jahrhundert die Maler, unter ihnen Auguste Renoir, fasziniert hat. Im Bereich der Jungmoränen finden sich auch die meisten Moore dieser Gegend – Hochmoore bei Aschering, Machtlfing und Erling, Verlandungsmoore am Nordende des Starnberger Sees, der eigentlich Würmsee heißt, und des Ammersees bei Inning. Die Häufung der Ortsnamen, die auf -ing enden (Gauting, Herrsching, Utting), deutet auf die ersten bajuwarischen Siedlungen seit dem sechsten nachchristlichen Jahrhundert hin und kennzeichnet den Landkreis (ebenso wie den Raum München) als Gebiet, das, nach dem Rückzug der Römer, von den aus Böhmen eindringenden Bajuwaren sozusagen herrenlos vorgefunden wurde. Die Silbe -ing bezeichnete die Zugehörigkeit zum jeweils neuen Herrn, dessen Name vorangestellt wurde, so daß etwa Gauting von Cottingun stammt, »der Sippe des Cotto gehörend«. Daß vor den Bajuwaren und vor den Römern vindelizische Kelten im Fünfseenland siedelten, ist baugeschichtlich durch einige keltische Viereckschanzen belegt, deren eindrucksvollstes Beispiel die Biberschanze nördlich von Buchendorf darstellt. Die frühesten Siedlungszeichen freilich finden sich nicht auf dem sogenannten Festland: Auf der Roseninsel im Starnberger See förderten Bauarbeiter im Zuge der Ausschachtungen für eine Villa, die sich König Max II. erbauen ließ, im neunzehnten Jahrhundert neolithische Funde zutage, rund viertausend Jahre alt, die bisher ältesten Hinweise auf menschliches Leben im Fünfseenland.

Die jüngere Geschichte des Landstrichs zwischen Starnberger und Ammersee schließlich wurde wesentlich von zwei Adelsgeschlechtern bestimmt – den Grafen von Andechs und den Wittelsbachern. Den Aufstieg der Wittelsbacher und den Niedergang der Andechser – aus deren Linie immerhin Markgrafen von Istrien, ein Herzog von Dalmatien, Kroatien und Meranien, eine Königin von Frankreich (Agnes), eine Königin von Ungarn (Gertrud) und eine Herzogin von Schlesien (Hedwig), dazu etliche geistliche Würdenträger hervorgegangen waren – legt einer der besten Kenner des Landkreises, der Schriftsteller und Lehrer Manfred Pielmeier, auf den 21. Juni 1208 fest.

»Was zu einem Fest werden sollte«, so Pielmeier in einem Buch über das Fünfseenland, »geriet den Andechsern zum Untergang. Otto I. von Meranien heiratete am 21. Juni 1208 eine Nichte des Stauferkönigs Philipp von Schwaben. Graf Eckbert, Bischof und Bruder des Bräutigams, traute das Paar in Anwesenheit König Philipps. Als dieser sich nach der Trauung auf sein Zimmer zurückgezogen hatte, um auszuruhen, wurde er von Pfalzgraf Otto VIII., einem Vetter des bayerischen Herzogs, ermordet. Zunächst der Mittäterschaft bezichtigt, fanden die Andechser, wenngleich später begnadigt, keinen Halt mehr. In blutigen Auseinandersetzungen mit den Wittelsbachern gingen sie unter, während diese ihren glanzvollen Weg zur über 700 Jahre dauernden bayerischen Herrschaft antraten ... Die Leistung der Wittelsbacher war es, nach ihrem Kampf um die Herrschaft und der Arrondierung, das Land mit Verwaltungszentren überzogen, Städte und Märkte gebaut zu haben ... Der heutige Landkreis Starnberg mit der Kreisstadt Starnberg hat sich aus dem Landgericht Starnberg entwickelt und ist ein Werk der Wittelsbacher.«

Deren Herrschaft endete auch hier mit der Ausrufung der Räterepublik Bayern durch den Sozialisten Kurt Eisner am 7. November 1918. Der Münchner Thomas Mann, der sich anfangs höchst angewidert und antisemitisch über dieses revolutionäre Ereignis geäußert hat, wird im darauffolgenden halben Jahr eine Dependance in Feldafing am Starnberger See beziehen und am 24. März 1919 angesichts des von den Siegermächten bedrängten Deutschland in seinem Tagebuch fordern: »Nationale Erhebung, nachdem man sich von den Schwindel-Phrasen dieses Gelichters das Mark hat zermürben lassen, in Form des Kommunismus denn meinetwegen, ein neuer 1. August 1914! Ich bin imstande, auf die Straße zu laufen und zu schreien: ›Nieder mit der westlichen Lügendemokratie! Hoch Deutschland und Rußland! Hoch der Kommunismus!‹«

Offenbar hatte die verworrene politische Lage dazu beigetragen, daß Thomas Mann einen Ruhepunkt außerhalb Münchens suchte. Am 6. März verabredete er sich mit seinem Freund, dem Kunsthistoriker und Sammler Georg Martin Richter, »auf einige Tage nach Feldafing«. Der Besuch macht Eindruck: »Dampferfahrten auf dem See. Die weiße Alpenkette dahinter im Sonnenschein. Die verschiedenen Besuche mit Richter auf ›seinem‹ Grundstück u. in ›seinem‹ Häuschen. Beteiligungspläne meinerseits. Träume von einem Absteigequartier zur Erholung und zum Arbeiten ... Das Hotel Kaiserin Elisabeth, wie Feldafing überhaupt, ist entschieden ein Fund. Pläne, im Mai mit K(atia) mich dort auf 14 Tage hinzusetzen und uns ohne Rücksicht auf die Kosten zu pflegen. Die Heimreise war praktisch und angenehm. Wir benutzten das schöne Wetter, um mit dem Dampfer bis Ambach u. von dort nach Starnberg zu fahren. Dort aßen wir ausgezeichnet zu Mittag und nahmen den Vorortzug nach München, der sich erst unterwegs füllt, während die Züge von Tutzing in Feldafing allenfalls Stehplätze bieten. Die schönen Besitzungen an den Ufern des weiten Sees fesselten mich sehr.« Das großartige Ambiente setzte sich in dem Dichter, der zuvor eher dem Tegernsee zugeneigt war, unauslöschlich fest. Einer kurzen Phase des Zögerns – »Telephongespräche mit Richter über das Feldafinger Anwesen. Problematische Sache, vielleicht eine Dummheit« – folgt die Entscheidung zum Kauf. In Feldafing entstehen bis zum Jahre 1924 große Teile des Romans »Der Zauberberg«.

Die suggestive Wirkung des Sees ist in den Tagebüchern durch viele Stellen belegt. »Herrlich meerartig« sei das Wasser, sein Rauschen »seidig«. Das Wurmgewässer verführt den etwas hypochondrischen Stadtmenschen Thomas Mann zu nachgerade abenteuerlichem Verhalten. »Zweimal ruderte ich mittags auf dem See«, schreibt er am 21. Mai 1926 ins Tagebuch, »das erste Mal gegen Tutzing bei Ostwind und leicht gekraustem Wasser. Das Rudern mit der Strömung ist lustiger, da man schneller vorwärts zu kommen scheint. Sobald man wendet, beginnt das Klappern und Plappern der kleinen Wellen am Bug.

Es war sehr warm, ich fuhr ohne Rock und Weste und legte auch die Hosenträger ab. Da ich kein Unterjäckchen trug, war der Oberkörper, nur mit dem Hemd bekleidet, dem Luftzuge frei, was ein sehr angenehmes Gefühl ist. Für den Kulturmenschen grenzt Natürlichkeit nahe an Wollust.«

Es ist nicht leicht zu sagen, ob es sich um Kulturmenschen handelt, die vom Frühjahr bis in den Herbst die fünf Seen des Landkreises flächendeckend mit Surfbrettern befahren und die Kulisse um eine verwirrende Vielzahl grellbunter Plastiksegel bereichern. Wer sich über die ungeheure Zunahme an Segelbooten jeder Klasse besorgt zeigt, sei mit dem Hinweis besänftigt, daß solcher Ausdruck zunehmenden Wohlstands immerhin mit einem Verbot des Motorbootsports auf allen fünf Seen verbunden ist. Maschinenbetrieben sind, neben den Schiffen der Wasserwacht, lediglich die behäbigen, noch immer Dampfer genannten Fähren auf dem Starnberger und dem Ammersee. Ihre Linien haben sich seit Thomas Manns Zeiten nur unwesentlich verändert.

Radikal verändert hingegen hat sich das Ufer-Ambiente. Die Villen-Kultur des neunzehnten und frühen zwanzigsten Jahrhunderts, die den am »Zauberberg« Schreibenden ganz seinem Sujet gemäß inspirierte - sie ist längst dem Profitstreben und einer politisch gewollten Libertinage unterlegen, deren schlimmstes Beispiel die Stadt Starnberg selbst bietet. Selten hat eine Kleinstadt sich derart zielstrebig zerstört wie dieser einst für seine Schönheit berühmte Ort an der Nordspitze des Sees - Musterbeispiel dafür, daß Reichtum sich in der Architektur noch wesentlich ärger auswirken kann als Armut. Denkmalschützer haben seit dem Ende der fünfziger Jahre, rechtzeitig also, gewarnt. Politisch Gehör finden sie erst seit Ende der Siebziger. Inzwischen gibt es von der ursprünglichen Substanz nur noch rare Beispiele, und ihre Rettung ist mühevoll. Die Maximilianstraße, einst ein organisch gewachsener architektonischer Korpus aus Villen, Gärten, Chalets zwischen dem Gasthof Pellet-Mayer und dem Bahnhof, wurde durch Abriß und Neubau, protzige Läden und die unvermeidlich verkehrsgerechte Straßengestaltung planvoll zerstört. Nicht anders die Wittelsbacherstraße, und von der Hauptstraße läßt sich lediglich als einem Abgaskanal sprechen, in den der Zubringer von der Autobahn München-Garmisch unablässig seinen Blechstrom spuckt. Mögen hier auch mehr Nobelkarossen als im statistischen Durchschnitt der Republik zu bestaunen sein: Die Verkehrs- und Architektur-Katastrophe Starnberg wird nicht gemildert durch Bentleys und Ferraris, ein paar Lüftelmalereien, wo die Luft zum Schneiden ist, oder ein paar Bäumchen in Asphaltlöchern.

Die Stadt ist durch jahrzehntelang aufs Geld schielende Politik in Rathaus und Landsratsamt regelrecht versaut worden – jetzt müssen teure chirurgische Maßnahmen die schlimmsten Wunden schließen. Ein Tunnel für rund neunzig Millionen Mark soll Starnberg nahezu ganz unterqueren; die Bahnanlagen, die die Stadt vom See trennen, sollen auf ein Minimum reduziert, die Seepromenade soll erweitert werden: Maßnahmen, die dem Versuch gleichen, einen schwer Herzkranken durch Bypass-Operationen zu retten. Die Krankheitsursache hieß Geld, aber die Therapie wird weit mehr kosten, als die Beton-Politik eingebracht hat.

In einer Kleinstadt, wo Eigentumswohnungen an die 6000 Mark pro Quadratmeter kosten können (niedrigster Quadratmeterpreis Juni 1989: 2941 Mark), verlangen Käufer mehr als einen klangvollen Namen und die Gewißheit, bekannte Schauspieler hier heim Käsekauf beobachten zu können.

Starnberg kämpft um seine Lebensqualität. Daß sie überhaupt zu retten sei, mag, wer sich von der Autobahn her dem Ortseingang nähert, kaum mehr glauben. Das Gewirr aus Tankstellen, das den Rand der nördlichen Industriezone bildet, ist nur der Anfang jener konzeptionslosen Zersiedelung des einstigen Landschaftsschutzgebietes, deren Ergebnis bereits 1976 in der *Süddeutschen Zeitung* als »Blickfang von einprägsamer Häßlichkeit« bezeichnet wurde. Ansässige Starnberger mögen das brutale Entree ignoriert haben, bis 1987 – bei der Einfahrt linker Hand – das neue Landratsamt, 1989 mit dem Deutschen Architektenpreis ausgezeichnet, einen auffälligen Gegenakzent setzte: Die fernöstlich geschwungene Glasarchitektur in Kombination mit bayerischem Wasserschloß-Charme mag manchem nur Ausdruck der freundschaftlichen Beziehungen des Landrates zu Taiwan sein – gelungen ist der Bau dennoch in mehrfacher Hinsicht. Er ist ein heilsamer Fremdkörper in der dumpfen Harmonie aus Blech und Zement, er macht aufmerksam, wach, verlangt geradezu nach anderer Umgebung, man wünscht ihm eine größere Aura, und er regt die Hoffnung an, Starnberg möge begriffen haben, daß Schönheit nicht im Klang lebt (jedenfalls nicht auf Dauer), sondern in der Substanz. Eine späte, vielleicht zu späte Einsicht? Im Rückblick war es eben schon fragwürdig, die Hänge am Almeidaweg zu Bauland zu machen, wo früher breite Wiesen mit Bergenzian – »Schusternagerl« – und wilden Nelken bestanden waren; es genügt auch nicht, Komponisten und Maler, Schriftsteller und ausführende Künstler in der Gemeinde zu wissen und im Branchen-Telefonbuch eine Rubrik Lüftelmaler aufzuführen; es reicht nicht, von großen Namen in der Geschichte zu zehren, gleichzeitig aber mit einem Anti-Landstreicher-Erlaß die Seepromenade von ungeliebten »Elementen« zu »säubern« und damit Assoziationen an unselige Zeiten zu wecken.

So wie seine Architektur scheint Starnberg auch einen Teil seiner Geschichte vergessen zu haben. Als 1989 einige Gemeinden des Landkreises beschlossen, jeweils mit einem Denkmal an jenen Todesmarsch zu erinnern, auf den Tausende von Häftlingen aus dem Konzentrationslager Dachau im April 1945 Richtung Bad Tölz geschickt wurden, beschloß die Mehrheit des Starnberger Stadtrats, daß die Kreisstadt guten Gewissens auf ein solches Gedenken verzichten könne. So arm kann eine so reiche Bürgerschaft sein.

Auch der Landkreis hat seine Probleme mit der Geschichte. In Erinnerung bleiben die grotesken Verwindungen der Gemeinde Berg am Starnberger See, als es darum ging, den berühmtesten Sohn des Ortes zu ehren, den Bäckerssohn Oskar Maria Graf. Weil man den Schriftsteller und Querkopf nicht allzu auffällig, aber doch ein bißchen ehren wollte, gibt es heute in Berg zwar keine Oskar-Maria-Graf-Straße, aber – nach langen Querelen und öffentlichem Spott – eine Grafstraße; und die ist in so adelsträchtiger Gegend wahrhaft keine Schande. Sucht man nach dem vollen Namen des Verfassers von »Wir sind Gefangene«, muß man in die Münchner

Vorstadt Neuperlach fahren, wo es einen Oskar-Maria-Graf-Ring gibt und eine Kneipe, in der Fotos des Dichters stolz an den Wänden präsentiert werden. Der Wirt ist Jugoslawe.

Berg ist nicht die einzige Gemeinde, die mit großen Namen Schwierigkeiten hat, aber kaum eine geht damit so zeitgemäß um wie Inning am Ammersee: Dem hier geborenen Motorrad-Weltmeister Toni Mang widmete das Dorf keine Straße, sondern gleich einen wenn auch kurzen Toni-Mang-Ring; für den Komponisten Werner Egk hingegen, der hier lebte, fand sich kein Weg, kein Plätzchen, das man nach ihm hätte benennen wollen. Der Gerechtigkeit halber sei jedoch auch erwähnt, daß ein ganzer Landstrich nach einer Künstlerin getauft wurde: Leoni am Starnberger See. Dort, wo sich heute ein Hotelkomplex breitmacht, erhob sich einst eine berühmte Villa. Ihr Besitzer, der Musikfreund und königliche Staatsrat Krenner, überließ sie dem Hofopernsänger Giuseppe Leoni, dessen Frau Rosina ihren Ruf als überragende Köchin bis in die Münchner Künstlerkreise verbreiten konnte. Ihrer Kochkunst verdankt seither dieses Stück Ostufer des Sees seinen Namen.

Eine Stunde Fußweg von hier entfernt wird durch eine Votivkapelle jene Stelle bezeichnet, an der die mit Abstand berühmteste Persönlichkeit des an Prominenz ja nicht armen Landkreises am 13. Juni 1886 im See den Tod fand: König Ludwig II. Er hielt sich üblicherweise vom Frühjahr bis zum Herbst in seinem Schloß Berg auf, das bis heute Wohnsitz des Chefs der Wittelsbacher ist. Der beliebteste der bayerischen Könige wurde 1886 in Schloß Berg interniert, für abgesetzt erklärt und sollte möglicherweise befreit werden, als er im See ertrank - oder ertränkt wurde. So ganz genau weiß das niemand, und je mysteriöser das Ende des Märchenkönigs bleibt, um so besser für die Anziehungskraft der Gegend. Mit dem menschenscheuen Ludwig II. endet die große höfische Geschichte des Starnberger Sees, die bereits im vierzehnten Jahrhundert mit den Jagden und Seefesten der bayerischen Herzöge begonnen hatte. Höhepunkt war die Prachtzeit unter Kurfürst Ferdinand Maria und seiner verschwenderischen Gattin Henriette Adelaide von Savoyen im siebzehnten Jahrhundert. Der Kurfürst ließ, nach venezianischem Vorbild, das Prunkschiff »Bucentaur« bauen, ein reich vergoldetes Gefährt mit drei Stockwerken, einhundert Ruderplätzen und einem Festsaal für fünfhundert Gäste. Seine Ausfahrt war stets vom Schwarm der Versorgungsschiffe und Lustgondeln begleitet. Im folgenden Jahrhundert wird von Jagden berichtet, bei denen Hirsche mit Netzen in den See getrieben wurden, damit die hohen Herrschaften – auch jagdlustige Damen – sie von Bord ihrer Prunkschiffe aus erlegen konnten.

Im neunzehnten Jahrhundert eroberte sich das gehobene Bürgertum die Seeufer; Kammerherren, Hofräte, Hofmaler ließen sich nieder, Fabrikanten folgten, und die Anwesenheit des Adels rutschte in den Zeitungen unter Vermischtes. Notiz aus dem noch heute bestehenden *Land- und Seeboten* vom 17. Juli 1889: »Feldafing. Ihre Majestät die Kaiserin von Österreich machte während Ihres Aufenthaltes dahier verschiedene Ausflüge in die Umgegend zu Fuß und zu Wagen. Sonntag nachmittags fuhr die Kaiserin zum Besuche nach Possenhofen zu Ihrer Herzogl. Mutter, woselbst sich auch Ihre Kgl. Hoheiten Prinzessin Gisela und Prinz Leopold von Bayern mit den Kindern einfanden und abends wieder nach München zurückkehrten.«

Hundert Jahre später ist an solcher Stelle von Fernsehstars, Filmschauspielern, Politikern, Musikern, gelegentlich auch Schriftstellern und Wissenschaftlern die Rede. Das sogenannte einfache Volk profitiert wenig vom Tourismus und leidet unter dem hohen Preisniveau.

Über soziale Probleme wird hier nicht gern gesprochen. Nicht über Alkoholismus, Scheidungsquoten, Drogenmißbrauch, Verschuldung, Obdachlosigkeit. Der schöne Schein, der Charme der Bourgeoisie, der Glanz der Hautevolee - sie gehören zum Starnberg-Klischee von der heilen Freizeitwelt, das seine Wurzeln in königlichen Jahrhunderten hat und sich hervorragend in die Landschaft fügt.

Wer angesichts der Kehrseite des Idylls Trost sucht, dem bleibt immer noch - für geistliches oder alkoholisches Labsal - der »Heilige Berg«. Durch seinen internationalen Ruf als Bierschwemme hat das Kloster Andechs am Südende des Ammersees nicht wesentlich an sakralem Renommee eingebüßt. Wallfahrer sind keine Säufer, Säufer keine Wanderer, und wer die sehr hochgehaltene Konzertkultur in Andechs genießt, weiß, daß es den Mönchen beispielhaft gelungen ist, weltliche und religiöse Andacht zu verbinden, ohne dabei das Geschäft aus den Augen zu verlieren. Das bayerische Mekka gilt nicht allein Wallfahrern als Ort des Heils, auch Demonstrationen der Friedensinitiative Fünfseenland hat man dort schon gesehen, die ihre Ostermärsche mühelos in die jahrhundertealte Prozessionstradition des Seengebiets eingereiht hat. Politischer Eifer will hier freilich nicht so recht gedeihen, vielleicht ist die Landschaft einfach zu schön. Die emsige Opposition im Kreistag zu Starnberg kommt über Achtungserfolge selten hinaus, die beherrschende CSU genießt die Macht mit dem ihr eigenen Demokratieverständnis als direkte Nachfolgerin der Wittelsbacher. Der ungekrönte Freidemokrat im Landratsamt befährt mit dem Autokennzeichen STA-R 1 die Ländereien, was weniger politisch als vielmehr ornithologisch gemeint sein dürfte. Gute Laune ist Pflicht, bayerisch-barockes Gemüt hilft aus jeder Mißlichkeit, der Boden ist schließlich zu teuer, als daß, wer ihn hat oder für ihn schuftet, sich auch noch die Weltprobleme aufladen will. Ein bißchen Provinz. Ein bißchen Krähwinkel. Aber auf sehr hohem Niveau.

AUTORENVERZEICHNIS

Barbara Baumgartner wurde 1970 in Südtirol geboren und studierte in Wien und München, wo sie auch die Deutsche Journalistenschule absolvierte. Danach war sie Redakteurin bei MERIAN. Bis 2012 berichtete Baumgartner mehr als zehn Jahre aus ihrer Wahlheimat Barcelona, heute lebt die Autorin in München.

Hannes Burger, Jahrgang 1937, kennt sich seit über 50 Jahren als Journalist in München aus. Er begann bei der *Münchner Katholischen Kirchenzeitung,* ging dann zur *Süddeutschen Zeitung* und als Bayern-Korrespondent zur *Welt.* Er schrieb für das Bayerische Fernsehen, erfand den populären Fernsehpförtner Alois Baierl, veröffentlichte über 30 Bücher und verfasste mehr als 20 Jahre lang für Walter Sedlmayr und andere die satirischen Salvatorreden für das »Politiker-Derblecken« am Nockherberg. Er wurde ausgezeichnet u. a. mit der Ludwig-Thoma-Medaille, dem Bundesverdienstkreuz am Bande, dem Ernst-Hoferichter-Preis und dem Bayerischen Verdienstorden.

Tinka Dippel, Jahrgang 1974, wurde in München geboren, studierte dort Politologie, besuchte die Deutsche Journalistenschule München – und ging nach Hamburg. Sie schrieb für die *Brigitte* und wurde Redakteurin bei MERIAN. 2010 veröffentlichte sie die Biografie der HIV-infizierten Sängerin *Nadja Banaissa. Alles wird gut,* 2013 verlieh ihr die Vereinigung Deutscher Reisejournalisten den Columbus-Autorenpreis für ihre atmosphärisch dichte Beschreibung einer typischen Kölsch-Kneipe in Köln.

Emanuel Eckardt, Jahrgang 1942, studierte Kunst in Amsterdam und seiner Heimatstadt Hamburg. Er arbeitete zunächst als Karikaturist, schrieb dann aber vermehrt Porträts und Milieustudien. U.a. war er Reporter beim *Stern*, Autor für *Geo, mare, Cicero, Die Zeit* und *SZ Magazin*, Chefredakteur bei MERIAN und dem Musikmagazin *Amadeo*. 1981 erhielt er den Egon-Erwin-Kisch-Preis. Er schrieb humorvolle Romane wie *Der Hausmeister* sowie Biografien und Bildergeschichten wie *Der Mops von Bornholm*.

Christian Eichler, 1959 in Wanne-Eickel geboren, ist Diplom-Bibliothekar und lebt als Sportkorrespondent der *FAZ* in München. Er wurde ausgezeichnet mit dem Großen Preis des Verbandes Deutscher Sportjournalisten und zweimal mit dem Fair-Play-Preis für Sportjournalismus. Er schrieb das *Lexikon der Fußballmythen* und das Kinderbuch *Zuckerpass und Blutgrätsche*.

Werner Fuld, Jahrgang 1947, arbeitete als Literaturkritiker für die *FAZ* und *Die Zeit*. Er veröffentlichte u.a. die erste Biografie zu Walter Benjamin und Biografien zu Wilhelm Raabe und Niccolò Paganini, die Streitschrift *Die Bildungslüge. Warum wir weniger wissen und mehr verstehen müssen* und *Das Buch der verbotenen Bücher. Universalgeschichte alles Verfolgten und Verfemten von der Antike bis heute*.

Gert Heidenreich, Jahrgang 1944, ist Schriftsteller, Journalist und Sprecher. Studium in München, freie Mitarbeit beim Bayerischen Rundfunk, progressive Rockmusik auf Bayern 3. Er verfasste Reisereportagen, Romane, u.a. *Die Nacht der Händler, Im Dunkel der Zeit, Die Steinesammlerin*, die Krimis *Mein ist der Tod* und *Das Fest der Fliegen* und die Biografie des TV-Entertainers Thomas Gottschalk. Als Sprecher ist er auf zahlreichen Hörbüchern, u.a. *Der Herr der Ringe, Der große Gatsby, Der Name der Rose*, zu hören. Er erhielt den Adolf-Grimme-Preis, den Marieluise-Fleißer-Preis, den Literaturpreis der Stadt München und andere Auszeichnungen. Heidenreich lebt in Seefeld am Starnberger See.

Curt Hohoff (1913–2010) wurde nach dem Studium in München, Berlin und Cambridge zunächst Mitarbeiter der katholischen Monatsschrift *Hochland*, nach dem Zweiten Weltkrieg Redakteur bei der *Süddeutschen Zeitung* und beim *Rheinischen Merkur*, bevor er als freier Autor schrieb. Es erschienen Romane, u.a. *Die Märzhasen,*

Venus im September, Paulus in Babylon, Anthologien zur Lyrik des Abendlandes sowie Biografien, etwa zu Kleist, Grimmelshausen und Goethe. Er war Mitglied der Akademie der Künste in Berlin und der Bayerischen Akademie der schönen Künste in München und wurde u. a. mit dem Tukan-Preis der Stadt München ausgezeichnet.

Andreas Hopf (1940–2000) war Autor und Verleger. Studium der Philosophie und Germanistik in München, Lektor beim Verlag Hoffmann und Campe in Hamburg. Nach seiner Rückkehr nach München leitete er dort den C. Bertelsmann Verlag und schrieb selbst Bücher, meist unter Pseudonym.

Erich Kuby (1910–2005), Journalist und Publizist, wuchs in Oberbayern auf. In München und Erlangen studierte er Volkswirtschaftslehre. Nach dem Zweiten Weltkrieg war er Reporter und Autor beim *Spiegel, Stern* und der *Süddeutschen Zeitung*. Sein Roman *Rosemarie* über das Leben der Prostituierten Rosemarie Nitribitt gab der Doppelmoral der Wirtschaftswunderjahre ein Gesicht und brachte dem Autor Weltruhm – auch in der Verfilmung mit Stars wie Nadja Tiller, Mario Adorf und Gert Froebe. Weitere Bücher u. a.: *Die Russen in Berlin 1945, Prag und die Linke, Der Fall ›Stern‹ und die Folgen, Mein ärgerliches Vaterland, Der Preis der Einheit.* Ausgezeichnet wurde er mit dem Kurt-Tucholsky-Preis und dem Publizistikpreis der Stadt München.

Carl Lamb (1905–1968) war Fotograf, Filmemacher und Kunsthistoriker. Studium in Berlin, Promotion über »malerische Architektur in Südbayern« in München. Er drehte Filme über die Künstler Alfred Kubin und Werner Gilles, über die Kunst des Rokoko in Bayreuth und in Brühl und die Tiepolo-Fresken in Würzburg. Studienaufenthalte in Italien. Sein Film über den Maler Max Ernst wurde 1964 mit dem Deutschen Filmpreis in Gold ausgezeichnet.

Der erfolgreiche Lyriker und Dramatiker ***Albert Ostermaier*** wurde 1967 in München geboren und studierte dort Germanistik. U. a. war er Hausautor an renommierten Bühnen, wie dem Nationaltheater Mannheim, dem Bayerischen Staatsschauspiel München und dem Wiener Burgtheater. Er erhielt zahlreiche Preise und Auszeichnungen, darunter den Kleist-Preis, den Bertolt-Brecht-Preis, den Ernst-Toller-

Preis und 2011 den *Welt*-Literaturpreis für sein literarisches Gesamtwerk. Zuletzt erschien 2013 der Roman *Seine Zeit zu sterben*.

Klaus Piper (1911–2000) trat nach einer Buchhändlerlehre in den Verlag seines Vaters ein. Er wurde zu einer der großen Verlegerpersönlichkeiten der Bundesrepublik – und sein Haus in München zu einer führenden Adresse in der Literatur. Bis zum Verkauf an die schwedische Bonnier-Gruppe 1994 verlegte er die Bücher etwa von Karl Jaspers und Hannah Arendt, Ingeborg Bachmann und Sten Nadolny, Konrad Lorenz und Werner Heisenberg, Alexander Solschenizyn oder Lothar-Günther Buchheim. Er trug u. a. das Große Bundesverdienstkreuz und den Orden »München leuchtet«.

Herbert Riehl-Heyse (1940–2003) kam aus Altötting nach München, wo er beide juristische Staatsexamen ablegte. Er war als politischer Reporter und Autor des »Streiflichts« in der *Süddeutschen Zeitung* einer der profiliertesten Journalisten in Deutschland. Seine Essays und Reportagen wurden mehrfach ausgezeichnet, u. a. mit dem Theodor-Wolff-Preis, dem Egon-Erwin-Kisch-Preis, dem Medienpreis des Deutschen Bundestages und dem Publizistikpreis der Stadt München. Er verfasste mehrere Bücher, u. a. *CSU – die Partei, die das schöne Bayern erfunden hat, Bestellte Wahrheiten, Ach, Du mein Vaterland, Jugendwahn und Altersstarrsinn*. Seit 2005 wird in seinem Namen der Herbert-Riehl-Heyse-Preis für politische Essays vergeben.

Herbert Rosendorfer (1934–2012) wurde in Bozen geboren, kam aber schon als Kind nach München. Er war Staatsanwalt und Richter – und äußerst erfolgreich als Autor von Romanen, Fernsehspielen, Theaterstücken, Abhandlungen zur Musik und Reiseführern. Daneben schrieb er Opernlibretti und reüssierte als Maler und Zeichner. Mit seinem Briefroman *Briefe in die chinesische Vergangenheit* gelang ihm ein großer Bestseller-Erfolg. Er war Mitglied der Bayerischen Akademie der schönen Künste und der Akademie der Wissenschaften und der Literatur in Mainz. Sein Werk wurde mit zahlreichen Preisen ausgezeichnet, darunter der Literaturpreis der Stadt München und der Ehrenpreis Corine des Bayrischen Ministerpräsidenten für sein Lebenswerk.

Eugen Roth (1895–1976) wurde in der Maxvorstadt geboren und machte am Wittelsbacher Gymnasium sein Abitur, er studierte an der Ludwig-Maximilians-Universität und wurde Lokalredakteur bei den *Münchner Neuesten Nachrichten* – und alsbald mit seinen heiteren Versen und Betrachtungen einer den beliebtesten Dichter des Landes. Mit Bänden wie *Ein Mensch, Die Frau in der Weltgeschichte, Wunderdoktor* oder *Doktor Eugen Roths Humorapotheke* gelang es ihm immer wieder, Hunderttausende von Lesern zu erheitern, zu trösten, zum Nachdenken und Schmunzeln zu bringen: »Vom Ernst des Lebens halb verschont / ist der schon, der in München wohnt.«

Max Scharnigg wurde 1980 in München geboren und arbeitet als Journalist unter anderem für die *Süddeutsche Zeitung, Architectural Design* und *Nido*. Er veröffentlichte das Reisebuch *Hotel Fatal,* die Kolumnensammlung *Das habe ich jetzt akustisch nicht verstanden* und *Feldversuch. Unser Stück Land vor den Toren der Stadt.* 2011 erschien sein Romandebüt *Die Besteigung der Eiger-Nordwand unter einer Treppe,* das mit dem Münchner Literaturstipendium gefördert und mit dem Bayerischen Kunstförderpreis sowie dem Mara-Cassens-Preis ausgezeichnet wurde. 2013 erschien bei Hoffmann und Campe der Roman *Vorläufige Chronik des Himmels über Pildau.*

Dirk Schümer, 1962 in Soest geboren, begann seine journalistische Karriere bei der *Westfalenpost,* bevor er Germanistik und Philosophie studierte. Seit 1991 schreibt er für die *FAZ*. Er lebt nach Stationen in Paris, Basel, Frankfurt, Hamburg und Wien als Korrespondent der *FAZ* in Venedig. Sein Essay-Band *Gott ist rund. Die Kultur des Fußballs* ist ein Klassiker.

Claudius Seidl, 1959 in Würzburg geboren, ist Feuilletonchef der *Frankfurter Allgemeinen Sonntagszeitung* und lebt in Berlin und München. Er schrieb Bücher über den deutschen Film der fünfziger Jahre, über Billy Wilder, Uschi Obermaier, das barbarische Berlin, fleischessende Männer und in *Schöne junge Welt* über das Lebensgefühl einer Generation, die sich nach einer scheinbar ewig währenden Jugend nicht vorstellen kann, jemals alt zu sein.

Sigi Sommer (1914–1996) darf mit Fug und Recht als bekanntester und beliebtester Reporter Münchens bezeichnet werden. Als sensibler Beobachter des Alltags und seiner Protagonisten durchstreifte er die Stadt, schrieb seine Glossen und Kommentare für die *Abendzeitung* als »Blasius, der Spaziergänger«. Viele der rund 3500 in 40 Jahren erschienenen Kolumnen wurden in Büchern gesammelt. Daneben erschienen Romane wie *Und keiner weint mir nach* oder *Meine 99 Bräute*, die verfilmt wurden, das Theaterstück *Marile Kosemund* und Bücher wie *Der Wildschütz Jennerwein*. Ausgezeichnet wurde er mit dem Karl-Valentin-Orden, dem Schwabinger Kunstpreis und dem Bundesverdienstkreuz I. Klasse. München hat ihm ein Denkmal in Bronze gesetzt und einen Platz nach ihm benannt.

Christian Ude, Jahrgang 1947, Protestant und Sozialdemokrat, war zwanzig Jahre lang Oberbürgermeister von München und kandidierte 2013 für das Amt des Bayerischen Ministerpräsidenten. Seine Laufbahn begann der Sohn eines Journalisten mit einem Volontariat bei der *Süddeutschen Zeitung*. Dann wurde er Jurist, blieb jedoch auch im höchsten Amt der Stadt immer einer, der gekonnt und mit ansteckender Freude seine Ideen und Gedanken zu Papier und zu Gehör brachte – bei Auftritten im Kabarett, in regelmäßigen Kolumnen der *Abendzeitung* oder dem *Münchner Merkur* und in Büchern wie *Ich baue ein Stadion und andere Heldensagen, Meine verfrühten Memoiren* oder dem Briefwechsel mit seinem Freund und politischen Gegner Peter Gauweiler. Und noch ein Beweis allerhöchster Unabhängigkeit: Ude ist Mitglied und bekennender Anhänger des TSV 1860 München.

Detlef Vetten, geboren 1956 und aufgewachsen in einem bayerischen Alpendorf, gehört zu den führenden Sportjournalisten in Deutschland. Er war Sportchef beim *Stern*, Lokalchef bei der *Abendzeitung*, schrieb für *Spiegel* und *Playboy, Focus* und *Die Zeit*. Sein Buch *50 Tage lebenslänglich* schildert die Erlebnisse in der Psychiatrie nach einem Alkoholabsturz. Ferner erschienen eine Biografie der Boxer-Brüder Klitschko und das Buch zum Triple des FC Bayern München.

Joseph von Westphalen, Jahrgang 1945, Schriftsteller, lebt in München, studierte dort Literaturwissenschaft und Kunstgeschichte und gehört zu den scharfzüngigsten und angriffslustigsten Kritikern zeitgeistiger Gedanken- und Belanglosigkeit. Zu seinen zahlreichen, oft polemisch zugespitzten Betrachtungen gehören Bücher wie *Warum ich Monarchist geworden bin, Warum mir das Jahr 2000 am Arsch vorbeigeht, Von deutscher Bulimie, Zur Phänomenologie des arbeitenden Weibes* und *Aus dem Leben eines Lohnschreibers.*

Katrin Wilkens, 1971 in Bremen geboren, studierte Rhetorik und Kulturwissenschaft und arbeitete als Trainerin in der Weiterbildung. Als freie Journalistin schreibt sie u. a. für *Die Zeit*, den *Spiegel, Cicero, mare* und die Medienseiten der *Süddeutschen Zeitung*; daneben berät sie Menschen, einen maßgeschneiderten Job zu finden. Sie veröffentlichte die Bücher *50 einfache Dinge, die typisch deutsch sind* und - als Mutter dreier Kinder - *Der alltägliche Erziehungswahnsinn. Warum perfekte Eltern nerven.*

Helmuth Zebhauser, Jahrgang 1927, geboren in Schwabing, ist Lehrer, Ausstellungsmacher, Marketingberater und Autor, studierte in München Mathematik, Physik, dann Philosophie und Zeitungswissenschaft. Er publizierte Ausstellungskataloge, zahlreiche Bücher zu Geschichte und Zukunft des Alpinismus, darunter *Vom Unsinn des Bergsteigens*, aber auch Kletterführer und prachtvolle Bildbände, ebenso die Bände *Bayerische Architektur* und *Bayerische Ensembles.*

Der Herausgeber

Andreas Hallaschka wurde 1962 in Frankfurt am Main geboren und wuchs in Kassel auf. Nach seiner Schulzeit arbeitete er als Reiseführer in Israel und den USA und begann mit 19 Jahren, in Marburg / Lahn und Göttingen Theologie und Philosophie zu studieren, um nach Familientradition Pfarrer zu werden. 1985 ging Hallaschka als Stipendiat des französischen Außenministeriums an die Journalistenschule CFJ in Paris und Ende desselben Jahres nach Hamburg an die Henri-Nannen-Journalistenschule. Nach Stationen in Bonn und wiederum Paris sammelte er erste Berufserfahrung in der Entwicklungsredaktion des Verlages Gruner+Jahr und als Redakteur des Monatsmagazins *Sports*. Ab 1992 war er als stellvertretender Ressortleiter für die Auslandsberichterstattung und Leiter des Hauptstadtbüros in Berlin für den *Stern* tätig. Ab 2000 Chefredakteur von *Fit for Fun* in der Verlagsgruppe Milchstrasse und seit 2002 zunächst Chefredakteur, dann seit 2014 Herausgeber von MERIAN.

Hallaschka hat mehrere Reisebücher, Bildbände und Anthologien veröffentlicht, aber auch ein Sushi-Kochbuch herausgegeben. Sein Interesse gilt der europäischen Geschichte, geistlicher Musik, franko-belgischen Comics und gut erzählter Literatur. Bevorzugte Landschaften sind die Nord- und Ostseeküste, Kurhessen und Waldeck, Israel und Frankreich. Hallaschka hat vier Kinder und ist mit der Wissenschaftsautorin und Dozentin Jutta von Campenhausen-Hallaschka verheiratet.

NACHWEISE

Traumstadt München – Zu glücklich für Deutschland?

Christian Ude: Zum Anfang ein Abschiedsbrief, in: MERIAN München, 9 / 2013
Herbert Riehl-Heyse: Spieglein, Spieglein an der Wand, in: MERIAN München, 12 / 1982
Claudius Seidl: Wo das Leben so spielt, in: MERIAN München, 10 / 1999
Herbert Rosendorfer: Versuch einer inneren Topografie, in: MERIAN München, 12 / 1982
Dirk Schümer: Ansicht von außen, in: MERIAN München, 10 / 1999

Lebensart – Mia san mia!

Christian Eichler: Planet Bayern, in: MERIAN München, 9 / 2013
Katrin Wilkens: Sie leben wie gedruckt, in: MERIAN München, 6 / 2006
Hannes Burger: Wie katholisch ist München, in: MERIAN München, 12 / 1982
Tinka Dippel: Neue Töne aus dem Wirtshaus, in: MERIAN München, 9 / 2013
Albert Ostermaier: Gedichte, in: MERIAN München, 10 / 1999
Sigi Sommer: Bei den Alkoholriesen und Biertischfakiren, in: MERIAN München, 1 / 1990
Joseph von Westphalen: Gegendarstellung, in: MERIAN München, 1 / 1990

München gestern – Geschichten aus der Geschichte

Erich Kuby: Sehr private Zeitgeschichte, in: MERIAN München, 12 / 1982
Helmuth Zebhauser: Die Seidlein im Radspielerhaus, in: MERIAN München, 12 / 1982
Carl Lamb: Die Asamkirche – Ausdruck barocker Baugesinnung, in: MERIAN München, 4 / 1949
Curt Hohoff: Die schön gebaute Stadt, in: MERIAN München, 12 / 1971

Stadt der Kunst – Literaten und Malerfreunde

Emanuel Eckardt: Kunst hoch drei, in: MERIAN München, 6 / 2006
Eugen Roth: Goldener Überfluss. Die Stadt als Bildungsstätte, in: MERIAN München, 12 / 1957
Werner Fuld: A Gaudi und ein gemeines Trauerspiel, in: MERIAN München, 1 / 1990
Klaus Piper: In München leben, in: MERIAN München, 12 / 1971
Georg Schneider: Er kam nicht bis zur Leopoldstraße, in: MERIAN München, 12 / 1971

Natur erleben – Stadt, Land, Fluss

Max Scharnigg: Draußen vor der großen Stadt, in: MERIAN München, 9 / 2013
Andreas Hopf: Im grünen Salon, in: MERIAN München, 1 / 1990
Barbara Baumgartner: Ein Fluss fällt aus dem Rahmen, in: MERIAN München, 9 / 2013
Detlef Vetten: Die Höhe der Gefühle, in: MERIAN München, 6 / 2006
Gert Heidenreich: Landkreis unüberwindlicher Lieblichkeit, in: MERIAN München, 1 / 1990